本研究系国家社会科学基金“十三五”规划2017年度教育学一般课题“义务教育均衡发展背景下民族地区师资保障研究”（课题批准号：BMA170031）的阶段性研究成果

新时期民族地区
师资保障研究

Xinshiqi Minzu Diqu
Shizi Baozhang Yanjiu

袁梅 张良 国建文 著

中央民族大学出版社
China Minzu University Press

图书在版编目（CIP）数据

新时期民族地区师资保障研究 / 袁梅，张良，国建文著 . —北京：中央民族大学出版社，2021.12

ISBN 978-7-5660-1866-3

Ⅰ . ①新… Ⅱ . ①袁… ②张… ③国… Ⅲ . ①民族地区—师资培养—研究—中国 Ⅳ . ① G451.2

中国版本图书馆 CIP 数据核字（2020）第 272954 号

新时期民族地区师资保障研究

著　　者	袁　梅　张　良　国建文
责任编辑	赵　鹏
责任校对	肖俊俊
封面设计	舒刚卫
出版发行	中央民族大学出版社
	北京市海淀区中关村南大街 27 号　　邮编：100081
	电话:（010）68472815（发行部）　传真:（010）68933757（发行部）
	（010）68932218（总编室）　（010）68932447（办公室）
经 销 者	全国各地新华书店
印 刷 厂	北京鑫宇图源印刷科技有限公司
开　　本	787 × 1092　1/16　印张：15
字　　数	192 千字
版　　次	2021 年 12 月第 1 版　2021 年 12 月第 1 次印刷
书　　号	ISBN 978-7-5660-1866-3
定　　价	86.00 元

序

民族教育又称中国少数民族教育，是中国共产党开展的一项具有厚重历史与本土经验的教育活动，是中国共产党依据中国的教育方针和民族政策，以少数民族和民族地区的学生为主要对象，遵循其身心发展规律，有目的、有计划、有组织地引导其学习科学文化知识和传承中华民族优秀传统文化，旨在培养各民族又红又专、德才兼备、德智体美劳全面发展的社会主义合格建设者和可靠接班人的社会实践活动。无论是近代历史上曾经存在的文明教化、道德感化与民族团结进步教育，还是当下铸牢中华民族共同体意识这一新时代民族工作思想的主要旋律，中国共产党领导下的民族教育事业在保证各民族学子平等受教育权，处理中华民族共同体内部共性与分殊、活力与张力，促进民族地区政治、经济、社会、文化、生态协调发展方面都发挥着重要作用。故而，自中华人民共和国成立以来，党和国家始终将民族教育摆在重要位置，做出大力发展民族教育的决定，并相继出台了一系列政策法规，极大地促进了民族教育快速、健康发展。在民族教育相关政策的推动下，具有中国特色、世界水平的现代民族基础教育体系正在逐步形成。

近年来，随着民族教育改革的不断推进和国家对民族教育投入的不断加大，民族教育质量得到了很大提高，但囿于少数民族教师队伍结构与质量等方面的原因，民族地区的教育实际与现代社会对教育的需求还存在着一定差距。故而，党和国家将民族地区师资队伍建设以及师资队伍保障机制视作提高民族教育教学质量的增长点，将建立一支数量充足、结构合理、素质优良、敬业奉献、敢于创新且相对稳定的师资队伍，并且保证这支队伍功能的有效发挥，视作当下民族地区学校教育教学改革进程中亟待研究的重大课题。袁梅博士自接触民族教育之初，就意识到这一问题并将研究目光聚焦于民族地区师资保障研究领域，曾经完成了多项有关少数民族地区师资队伍建设方面的研究课题。近几年来，她对民族地区教育领域进行了持续而又深入的研究，多次赴民族地区进行社会调查，详细了解当地的发展状况以及相关问题，在整理以往研究的基础上，最终形成了《新时期民族地区师资保障的研究》这一著作。不得不说，这对民族教育师资队伍研究的理论与实践发展而言，是一件既令人高兴又很有意义的事情。这半年来，我通读了全稿，收益不少、感触良多，我认为，呈现在读者面前的这本成果专辑，具有以下特点：

第一，选题符合新时期民族教育现实发展的迫切需要。从写作缘由上来看，该著作缘起于袁梅博士于2017年立项的国家课题“义务教育均衡发展背景下民族地区师资保障研究”，该课题设立之初就将研究目的指向“民族地区师资保障”这一现实中亟待解决的问题，故而，此论著将研究重点聚焦于“新时期师资保障的问题”表现出很强的时代感、责任感、紧迫感。此外，从书稿的选题来看，该书将“新时期”作为研究视角，通过对新时期民族地区师资保障现状的实地调查，总结了新时期民族教育发展中亟待解决的若干问题并提出了具体解决路径，内容上追求理论与实践相结合，在一定程度上解决了当下民族教育现实发展中产生的系列问题，符合新时期民族教育现实发展的迫切需要，是一本贴近教育实际的好著作。

第二，课题研究工作广泛且深入。在课题研究中，该团队选取了西藏自治区、内蒙古自治区、青海省为田野点，通过专题访谈、个别访谈等形式实地调查了30余个县市的200多所学校。调查对象不仅涵括这些民族地区教育行政部门的领导、干部、专家，而且涵括了当地优秀的学者、教师以及社会知名人士，收集到大量的研究资料。这种大范围、大样本的调查研究不仅是摸清各少数民族地区师资保障基本情况、提出切合各地师资保障措施的重要基础，更是发现当前各少数民族地区师资建设的挫折和困境、提出当地师资保障建设对策和建议的重要基础，为探索“如何促进民族地区师资保障的科学思路与合理范式”提供了现实路径。

第三，将民族地区师资保障的共性与个性进行了有效结合。该课题在研究的过程中尊重民族地区的差异性和独特性，在实地调查中首先针对每个民族地区独特性进行研究，然后结合三个民族地区师资情况概括出它们之间的共同特性，从而为其他民族地区师资保障提供参考。具体来说针对每个民族地区，首先会对其基本情况进行详细调查，从自然地理生态、经济社会发展状况、民族教育发展状况、调研地点基本情况四个方面进行分析，分析每个民族地区师资保障在近几年已取得的成效和经验，同时指出在发展过程中存在的困境与不足，并针对性地提出解决对策与建议。

第四，研究坚持了理论和实践相结合的原则。该研究将对民族地区师资保障的研究建立在专业理论的基础上，第一从教育公平理论阐释关于师资保障研究的问题，教育公平既是社会公平的一个重要面向，也是我国教育事业追寻的基本目标。教育公平是我国民族教育发展的出发点和落脚点，是对公共教育资源分配的基本准则，对于解决不同地区师资分配不均衡的问题具有重要的理论指导价值。第二从多元文化教育理论阐释关于师资保障研究的问题，在多元文化教育理论下，探讨民族地区师资队伍保障对于发展民族教育、传承民族文化有重要的理论意义和现实价值。系统、全面地分析当前民族地区师资保障存在的问题及其原因，在此基础上，提出了进一步优化的策略。第三从教师专业发展理论阐释关于师资保障研究的问题，民族地区中小学教师的专业化进程必然要建基于一定的教师专业发展理论及其解释模型的基础之上，而不能脱离其理论成为孤立性的存在。为了更好地保障民族地区师资队伍建设的良序发展，促进民族地区义务教育质量的提升，需要对关乎民族地区中小学教师专业发展的相关理论进行整体性的反思与总结。此著就是将这些理论与实际调查现象结合起来，进行深入分析讨论，从而为各个少数民族地区师资保障的建设提供参考，进一步促进民族地区整体教育质量的提升。

第五，研究成果对民族地区师资保障实际具有很强的指导意义。各少数民族地区的师资保障情况是非常复杂的，该著作对“新时期符合民族地区师资保障的一般规律的探寻”彰显出研究成果的探索性。具体来说，该研究团队深入民族地区、深入学校、深入教育行政管理部门，不辞劳苦地对三个省区的师资保障情况展开了实地研究与探索，以实践为根基探寻出民族地区师资保障的现实样态、实际效能以及一般规律，这种以实践为基础的探索性研究无论是对于民族地区师资保障情况，还是对于民族地区教育质量提升，甚至是对于民族地区教育扶贫工作而言，都具有明显的指导意义。就像习近平总书记所说的，“民族工作要见人见物”，也像毛泽东主席所说的，“没有调查就没有发言权”。该团队所采用的这种探索性极强的实地调查的研究方式在民族教育的研究中也是非常值得提倡的。

该书体现了袁梅博士团队孜孜不倦的研究精神，凝结着整个团队的心血，对我们民族教育的研究有重要的参考价值，也是整个团队认真的研究态度和精湛的学术精神凝结。

是为序。

中央民族大学

苏 德

2020年10月8日

前　言

教师是教育发展的第一资源，是人才培养的关键力量。步入新时代，社会对教师的专业素养与师资队伍建设提出了更多、更高的要求和挑战，提升教师专业素养水平已然成为当前基础教育实现自我革新和超越的首要举措。作为民族教育教学的主要实践者，民族学校教师的专业素养水平则显得更为重要，它既是民族地区教育改革和发展的重点和难点，是民族地区教育改革和发展的关键，同时也是制约民族地区教育质量提高与影响民族地区人才培养质量的主要因素。可以说，民族教师专业素养的高低，不仅直接关系着民族地区教育质量，也关系到少数民族个体的超越和群体素质的提升，更关系到中华民族共同体的建构和中华民族的伟大复兴。可见，对民族教师专业素养的“透视解析”和“通力提升”等方面的研究，即民族地区师资保障的研究，显得既关键又紧迫。

对民族地区师资保障状况展开研究，不仅是中国少数民族地区教育发展的需要，也是中国教育要实现全面发展的需要。师资保障问题既是民族地区教育改革和发展的重点，是民族地区教育改革和发展的关键，同时也是制约民族地区教育质量提高与影响民族地区人才培养质量的主要因素，可以说民族地区的师资质量是民族地区学校教育的重要组成部分，是一个地区教育发展质量的象征，教育的发展不仅需要有过硬的硬件设施，还需要有雄厚的软件设施即教师队伍。

故而，本研究试图以教育公平理论、多元文化教育理论、教师专业发展理论三大理论为基础，重点分析民族地区当前师资保障发展的困境，通过综合分析、实地调查和实证探索，研究出各个民族地区的师资保障中不同的发展对策，探索出民族地区师资保障发展的一般规律，以期为其他少数民族地区师资保障的发展提供科学、有效的经验指导和有针对性的理论依据。

本书主要分为以下几个部分：

第一章，笔者首先阐释了民族地区师资保障研究的背景，分析了1949年以来我国民族地区师资保障研究的历史演进与当前热点，介绍了本书的研究方案，分析了当前关于民族地区师资保障研究的时空分布，根据查找的相关文献资料，总结了民族地区师资保障研究的动态，并提出了针对性的启示。

第二章，阐释了民族地区师资保障的理论基础，主要从教育公平理论、多元文化教育理论、教师专业发展理论三大理论展开探讨，对每一个理论进行了详细的说明，明确了本书的理论基础。

第三章，内蒙古自治区师资保障的个案研究。首先，本章节通过实地调查进行总结和归纳，并从自然地理生态、经济社会发展状况、民族教育发展状况、调研地点基本情况四个方面介绍了内蒙古自治区教育发展基本生态概况。其次，本章节概括了内蒙古自治区师资保障的举措与成效，总结了内蒙古自治区近几年来在教育方面取得的进步，例如，中小学教师队伍增量提质效果显著，蒙古族中小学教师管理制度渐成体系，确保中小学师资队伍建设保障措施先行。再次，本章节从教师来源保障方面、教师队伍建设的政策保障方面、教师专业化发展保障方面、教师教学工作评价等方面调查与研究了内蒙古自治区师资保障面临的困境。最后，本章节针对问题提出了可能的解决对策。

第四章，西藏自治区师资保障的个案研究。首先，本章节介绍了西藏自治区教育发展基本生态状况，从自然地理生态、经济社会发展状况、民族教育发展状况、调研地点基本状况四个方面进行了分析。其次，本章节概括了西藏自治区师资保障的举措与成效，针对西藏自治区近几年来在教育方面取得的进步，进行了总结，例如，加强顶层设计，政策保障不断健全；积极创新模式，“组团式”教育援藏注入新活力；重视教师培训，努力提高专业水平；提高待遇保障，解决教师后顾之忧；注重师德师风，实施师德师风建设工程。再次，本章节调研了西藏自治区师资保障的困境与短板，从教师招聘补充机制不科学；教师队伍学科结构不合理；教师培训效率低下；教师压力过大，部分教师出现职业倦怠；援藏教师作用发挥不够几方面展开了分析。最后，本章节提出了西藏自治区师资保障的解决对策，即从建立科学的教师招聘补充机制；均衡调整教师队伍的学科结构；提高教师培训效率；减轻教师压力，提升教师的职业幸福感；充分发挥援藏教师的作用；建立党员教师队伍党风建设与师德师风建设相关联的长效机制几方面提出了对策与建议。

第五章，青海省师资保障的个案研究。首先，本章节介绍了青海省师资队伍保障建设的基本情况，从青海省自然地理基本情况、自然地理生态、经济社会发展状况、民族教育发展状况、调研地点基本情况四个方面进行了分析，通过实地调查进行总结和归纳。其次，本章节概括了青海省加强中小学教师队伍建设的措施和成效，对青海省近几年来在教育方面取得的进步进行了总结。再次，本章节指出了青海省中小学教师队伍建设的挫折与困境，从民族地区中小学教师招录制度问题突出；学校时间制度紧致，增加教师职业倦怠感；职称评聘制度牵系内容繁杂，增加教师工作压力；教师培训制度缺乏联动性，效果不彰；教师附加职责、形式化任务过多等几个方面进行了分析。最后，本章节从国家、社会、学校、教师四个方面提出了青海省师资队伍建设的对策与建议。

第六章，总结国外师资保障的成功经验，即通过对芬兰、美国、日本三个国家的师资保障措施进行分析，总结了它们在发展过程中的成功举措，并分析了这些举措对我国民族地区师资保障的启示与借鉴意义。首先，本章节对芬兰的师资保障措施进行了研究。本章节着眼于芬兰基础教育的均衡发展，从高质量的师资队伍建设、中央财政投入的优先保障、教育信息化的全面普及三个方面进行了经验的总结与归纳。其次，本章节对美国的师资保障措施进行了研究。从扩大招募多样性教师的规模、开发多元文化师资培养课程、加强少数族裔教师的培养、提高教师培养的专业水平、强化教师的多元化培训、政府与学区提供财政支持、实施弱势地区教师专项补助等方面进行了总结与归纳。再次，本章节对美国的师资保障措施进行了研究。发现日本不仅制定了教师“定期流动制”，从中小学教师“定期流动制”、偏僻地区教师的津贴补助、完善的教师培训制度等方面提供了制度保障，更对教师的社会地位予以了法律保障。

第七章，关于民族地区师资保障的对策与思考。介绍了当前我国少数民族地区师资建设的现状，根据现状进一步提出我国少数民族地区师资保障的启示及对策思考，从完善民族地区师范教育的招生和分配制度；提高教师培养层次，促进教师专业化发展；建立多元化的师资培训制度；加大民族地区师资队伍建设的财政投入力度；制定民族地区师资人才发展的优惠政策；加快教育信息化进程，提升教育现代化水平；实现发达地区与薄弱学校的教师定期流动等方面进行了分析，针对性地提出了解决对策。

以上，为本书的具体章节内容。需要说明的是，尽管在研究过程中每一位研究者都付出了很大努力，但由于能力和学识方面的不足，对理论的认识水平也就不尽相同。因此，对于书中存在的问题敬请批评和指正，本着文责自负的原则作者将虚心向学界同仁求教。

目　录

第一章　绪论 / 1

第一节　民族地区师资保障研究的背景和价值 / 3
一、民族地区师资保障研究的背景 / 3
二、民族地区师资保障研究的价值 / 6
第二节　民族地区师资保障研究的历史演进与当前热点 / 7
一、研究方案 / 8
二、民族地区师资保障研究的时空分布 / 9
三、民族地区师资保障研究的关注焦点与演进历程 / 11
四、民族地区师资保障的研究前沿 / 20
五、结论与启示 / 22
第三节　民族地区师资保障研究的策略与方法 / 25
一、研究思路 / 25
二、研究策略 / 26
三、研究方法 / 27

第二章　民族地区师资保障的理论基础 / 31

第一节　教育公平理论 / 33
一、思想渊源 / 34

二、基本内容 / 38
三、启发借鉴 / 43
第二节 多元文化教育理论 / 47
一、思想渊源 / 48
二、基本内容 / 51
三、启发借鉴 / 56
第三节 教师专业发展理论 / 61
一、思想渊源 / 61
二、基本内容 / 65
三、启发借鉴 / 69

第三章 内蒙古自治区师资保障的个案研究 / 75

第一节 内蒙古自治区教育发展基本生态概况 / 78
一、自然地理生态情况 / 78
二、经济社会发展状况 / 79
三、民族教育发展状况 / 80
四、调研地点基本情况 / 81
第二节 内蒙古自治区师资保障的举措与成效 / 82
一、中小学教师队伍增量提质效果显著 / 83
二、中小学教师管理制度渐成体系 / 84
三、确保中小学师资队伍建设保障措施先行 / 85
第三节 内蒙古自治区师资保障面临的困境 / 86
一、教师来源方面问题突出 / 86
二、教师队伍建设政策保障问题突出 / 92
三、教师专业化发展保障方面问题突出 / 94

四、教师教学工作评价方面问题突出 / 99

第四章 西藏自治区师资保障的个案研究 / 101

第一节 西藏自治区教育发展基本生态状况 / 104
一、自然地理基本情况 / 104
二、经济社会发展状况 / 105
三、民族教育发展状况 / 105
四、调研点基本状况 / 107
第二节 西藏自治区师资保障的举措与成效 / 109
一、加强顶层设计，政策保障不断健全 / 110
二、积极创新模式，“组团式”教育援藏注入新活力 / 111
三、重视教师培训，努力提高专业水平 / 112
四、提高待遇保障，解决教师后顾之忧 / 114
五、注重师德师风，实施师德师风建设工程 / 116
第三节 西藏自治区师资保障的困境与短板 / 117
一、教师招聘补充机制不科学 / 117
二、教师队伍学科结构不合理 / 118
三、教师培训效率低下 / 120
四、教师压力过大，部分教师出现职业倦怠 / 121
五、援藏教师作用发挥不够 / 121

第五章 青海省师资保障的个案研究 / 123

第一节 青海省师资队伍保障建设的基本情况 / 126
一、青海省自然地理基本情况 / 126
二、民族教育发展情况 / 128
三、调研点基本情况 / 128
第二节 青海省加强中小学教师队伍建设的措施和成效 / 129
一、教师招录政策方面 / 130
二、教师职称评审制度方面 / 130
三、教师培训方面 / 130
第三节 青海省中小学教师队伍建设的挫折与困境 / 131
一、民族地区中小学教师招录制度问题突出 / 132
二、教学以外的工作繁重，增加教师职业倦怠感 / 135
三、职称评聘制度牵涉内容繁杂，增加教师工作压力 / 136
四、教师培训制度缺乏联动性，效果不佳 / 138
五、教师附加职责、形式化任务过多 / 141

第六章 国外师资保障的成功经验 / 143

第一节 芬兰基础教育的均衡发展 / 145
一、高质量的师资队伍建设 / 146
二、中央财政投入的优先保障 / 150
三、教育信息化的全面普及 / 151
第二节 多元文化背景下美国的教师队伍建设 / 154

一、扩大招募多样性教师的规模 / 155
二、开发多元文化师资培养课程 / 156
三、加强少数族裔教师的培养 / 158
四、提高教师培养的专业水平 / 160
五、强化教师的多元化培训 / 162
六、政府与学区提供财政支持 / 163
七、实施弱势地区教师专项补助 / 165
第三节 日本教师“定期流动制”和师资保障 / 166
一、中小学教师“定期流动制” / 167
二、偏远地区教师的津贴补助 / 168
三、完善的教师培训制度 / 169
四、教师的社会地位高 / 171

第七章 民族地区师资保障的对策与思考 / 173

第一节 国家层面 / 175
一、建立科学的教师聘任制度 / 175
二、改革完善教师培训机制 / 177
三、建立健全教师流动机制 / 179
四、加大教育资金投入力度 / 180
第二节 社会层面 / 182
一、提升民族地区教师职业的吸引力 / 182
二、提高教师的社会地位 / 183
三、提高教师的薪资待遇 / 185
第三节 学校层面 / 187

一、给予教师自由时间和空间 / 187
二、精简、统整教师培训系统 / 188
三、完善、落实教师教学评价 / 190
四、有效开展教师职称评聘 / 192
第四节 教师层面 / 193
一、坚守职业品质，提升师德修养 / 193
二、更新教育教学观念，培育科学正确的民族教育观 / 195
三、不断学习进步，增加自身素养 / 197

参考文献 / 198
附 录 / 210

第一章 >>>>

绪论

第一节　民族地区师资保障研究的背景和价值

一、民族地区师资保障研究的背景

民族教师是民族地区教育事业的工作母机，亦是提升教育质量的动力源泉。进入21世纪，我国教育改革迈入新时代，随着教育精准扶贫政策的推行以及“扶贫先扶智”口号的提出，民族地区师资队伍建设成为了教育扶贫的关键环节，民族地区师资保障也成为了民族教育质量提升的阿基米德点。当下，随着全球化、信息化、现代化、城镇化发展的愈加迅猛，世界经济一体化、政治多极化、文化多元化、教育终身化、科技生态化的愈演愈烈，民族地区师资保障亦面临复杂的国际和国内背景。因此，党和国家自建国伊始就高度重视师资队伍的保障工作。

（一）政策层面国家相关文件的引导

1949年12月召开的第一次全国教育工作会议指出，“教育必须为国家建设服务，学校必须为工农开门”，教育工作的发展方针是普及与提高的正确结合，在相当长的时间内以普及为主。中央把教育发展的重点放在了普及教育，提高全民素质上。1951年召开的初等教育及师范教育会议中提出，争取从1952年至1957年，保证全国80%的学龄儿童入学（1951年入学率为47%），并在十年内基本普及小学教育，小学实行五年一贯制这样的目标。师范教育作为实现普及教育和培养建设人才的工作母机受到格外的重视。①

1958年，党的八大二次会议通过了毛泽东同志倡议的“鼓足干劲，力争上游，多快好省地建设社会主义”的总路线。教育部落实中央要求，提出了“反对保守思想，促进教育事业大跃进”的号召。师范教育的发展亦遵循了这一发展趋势。以广西壮族自治区为例，该自治区的师范学校，从1957年的15所，增至1960年的55所，增长2.7倍。

70年代末至90年代，民族地区师范教育发展以师范专科学校发展为主。教育部采取多种措施加快教师队伍建设，如恢复或建立教育学院和教师进修学院，提高在职教师的学历层次；缩短学制，扩大招生，增加新培养教师的数量等。这一时期，师范专科学校发展极为迅速。高师院校由1976年的58所增加到1988年的262所，增加了3.5倍，这其中师范专科学校占70%左右。在校生数也由1976年的11万人发展到1990年的52万人，增加了3.7倍。②

90年代以来，随着我国经济形势的好转和普及九年义务教育目标的逐步接近，我国提出延长义务教育年限。《中国教育改革和发展纲要实施意见》对师资提出新的要求：到本世纪末，使95%以上的小学教师和80%以上的初中教师达到国家规定的合格学历标准。有条件的经济发展程度较高的地区要逐步提高中、小学教师的学历层次。因此，原来中师培养小学教师，师专培养初中教师，师院（大）培养高中教师的三级师范教育体系要被打破。整个师范教育体系出现了新的调整：高师学校数由1990年的257所下降到2001年的210所，减少了47所。但本科师范和在校生规模却逐年增加，据教育部统计：从1995年到2001年底，高师本科院校有较大发展，学校数由76所发展到109所，校均规模由2086人提高到8718人；专

① 胡艳.建国以来师范教育发展的问题及原因分析[J].教育学报.2005（5）：88-96.

② 胡艳.建国以来师范教育发展的问题及原因分析[J].教育学报.2005（5）：88-96.

科教育得到加强，学校数由160所，合并减少到101所，校均规模由2310人提高到3327人；过大的中师办学规模合理收缩，学校数由897所，减少到570所，校均规模由945人提高到1162人。①

（二）学术研究领域关于民族地区师资保障的关照

做研究应把握时代热点和社会之需，深谙其对社会发展的意义和价值。在当今知识经济、信息化和全球化这样一个复杂多变的大背景下，师资保障研究也已成为一种国际发展趋势，美国、加拿大、新加坡等国家非常重视教师队伍建设，日本、俄罗斯、澳大利亚等多民族国家也在为师资功能的有效发挥采取众多措施。这些国外的相关研究成果为我国民族地区师资保障研究提供了一个新方向与新焦点。

就国内而言，关于民族地区师资保障的研究一直是涵括民族教育学在内的众多学科研究的焦点。具体来说，新中国成立70余年来，我国民族地区教师研究大致经历了教师教育建制研究（1949 — 1999年）、教师素质全面提升研究（2000 — 2009年）、教师多维专业发展研究（2010年至今）三个历史阶段，具体涉及民族地区教师的多元文化素养、心理健康、双语教学、教师专业发展、农村教师流动、教师资源配置及激励管理等方面；研究者开始从单一文献研究走向调查研究再到综合多种研究方法来研究民族地区教师问题，研究范式从定性研究走向定性和定量相结合的实证研究。这些研究为新时代背景下民族地区师资保障建设提供了研究基础，也提出了时代追问。

---

① 胡艳.建国以来师范教育发展的问题及原因分析[J].教育学报.2005（5）：88-96.

二、民族地区师资保障研究的价值

1. 学术价值

一是丰富教育均衡发展理论。师资保障是教育均衡发展中的重要问题，通过研究，全面深入地描述民族地区义务教育阶段师资保障现状、分析问题存在的原因、探索更具针对性的保障措施，从而使教育均衡理论的内容更加丰富。

二是丰富教师专业发展理论。教师专业发展是提高教育质量的重要手段，本研究可以更加全面地收集和总结教师专业发展的经验教训，可以使教师专业发展理论的内容更加全面。

三是丰富我国少数民族教育理论。少数民族教育是我国教育的重要组成部分，民族地区师资保障问题是民族教育发展中重要而迫切的问题，本研究探索了适合民族地区师资队伍建设的方法、途径和措施，从而使我国民族教育理论的内容更加充实。

2. 应用价值

一是加深人们对民族地区义务教育阶段师资保障问题的认识和对这一问题的关注，使民族地区师资保障研究具有更广泛的社会基础。

二是更加深入地弄清民族地区义务教育阶段师资保障中存在的问题与困难的原因，从而更好地减少民族地区师资保障研究和实践的盲目性。

三是探索增强民族地区义务教育阶段师资保障的对策，不断提高民族地区师资保障能力。

总之，本研究可以更好地让人们认识到民族地区师资保障问题的现实状况和重要意义，并为民族地区师资的培养、培训，分配、管理等方面提供更具针对性和有效性的对策建议，从而更好地促进民族地区义务教育均衡发展。

第二节 民族地区师资保障研究的历史演进与当前热点

师资保障指“全方位多层次保障学校师资的数量和质量属性”①。自1949年以来，党和国家就不断探索民族地区师资保障的新思路与新途径，关于民族地区师资保障的研究亦呈现出了不同的变迁路径，经历了若干不同的发展阶段，并逐步走向完善。2018年教育部等5部门联合发布的《教师教育振兴行动计划（2018—2022年）》明确提出“教师教育是教育事业的工作母机，是提升教育质量的动力源泉”“要努力建设一支高素质专业化创新型教师队伍”。

当前，国内学者从不同角度对民族地区师资保障研究提出了诸多见解。从研究形态来看，关于民族地区师资保障的研究多从实践层面或理论层面抑或综合层面（理论+实践）展开；从研究类型来看，关于民族地区师资保障的研究多以学位论文、会议论文以及报纸文章为主；从研究主题来看，该领域的研究多聚焦于教师培养体系、教师准入机制、教师在职培训、教师资源供给、教师情感状态、师德师风建设等方面。但遗憾的是，对民族地区师资保障的综述类文章仍然较少，对1949年以来民族地区师资保障的研究更是凤毛麟角。

① 杨茂庆，刘玲.21世纪澳大利亚农村学校师资保障：现实困境与应对策略[J].教师教育研究，2018，30（3）：121-128.

因此，笔者运用CiteSpace软件对1949年以来民族地区师资保障研究的文献进行计量分析，通过可视化知识图谱的方式为民族地区师资保障研究的阶段划分探寻依据，并对每一阶段研究热点以及各阶段之间的脉络演进进行系统梳理。该研究在一定程度上可以拓宽民族地区师资保障研究的深度与广度。

一、研究方案

（一）数据来源

本文数据来源于中国学术期刊全文数据库（CNKI）。检索式分别为“主题=民族地区+师资”与“主题=民族地区 +教师”，文献类型为期刊，时间跨度选定为1949 — 2018年。同时为保证研究样本的全面性、科学性与有效性，笔者亦将“师资”与“教师”两个主题中与我国民族地区师资保障有关的研究文献全部摘录出来，总计得到文献2342条。

（二）研究工具

CiteSpace软件在突显研究前沿热点与呈现研究进展趋势方面独树一帜。通过CiteSpace可视化手段，可以分析民族地区师资保障研究文献的知识基础（intellectual bases）与研究前沿（research front）之间的时变对偶关系，利用聚类视图和时区视图对该研究领域的前沿热点与脉络演进进行可视化分析，亦可以发觉研究焦点、解释知识演变的内在关系。在CiteSpace可视化知识图谱中，判断一个研究热点向另一个研究热点转变的重要拐点与热点词的中介中心性（between centrality）密切相关，热点词中介中心性大于0.1说明该词具有较强影响力。①

① 王圣云，吴丽红.国外教师权力研究热点与脉络演进 —— 基于CiteSpace知识图谱方法的透视[J].外国教育研究，2014（12）：114-122.

（三）数据处理

本研究对检索得到的2342条文献进行关键词（key word）与国家（country）共现分析。导入数据、设置阈值，时间区间设置为1年，起止时间设定为1949—2018。节点类型分别选择关键词（key word）和国家（country），得到经寻径（Pathfinder）算法或最小生成树（Minimum Spanning Tree）剪枝的知识图谱。

二、民族地区师资保障研究的时空分布

（一）时间分布：研究机构发文数量分析

从时间分布来看，我国民族地区师资保障研究文献发表时间与数量的具体分布如图1所示。可以看出，1949—2018年，民族地区师资保障研究的文献数量总体呈现递增趋势。

以2002年为分界点，该时间节点之前文献的数量较少，在30篇以内浮动，且部分年段竟未检索到相关文献，这是因为1949—2002年间我国师资队伍保障的重心在普通教育领域，且我国民族识别工作亦是在20世纪80年代中期才尘埃落定，故而在学术研究领域鲜有学者对民族地区师资保障予以关注，导致研究文献数量较少。

2002年文献的数量开始明显增多且呈渐增趋势，尤其是以2006年为节点文献数量呈现井喷式增长，在2014年发文量为225篇，达到了单年发文量的顶峰，这是因为民族地区师资保障遵循了国家主导这一发展脉络。如2002年国务院印发的《国务院关于深化改革加快发展民族教育的决定》以及同年教育部、国家民委召开的第五次全国民族教育工作会议为民族地

区师资保障研究的发展提供了制度保障与政策氛围。①

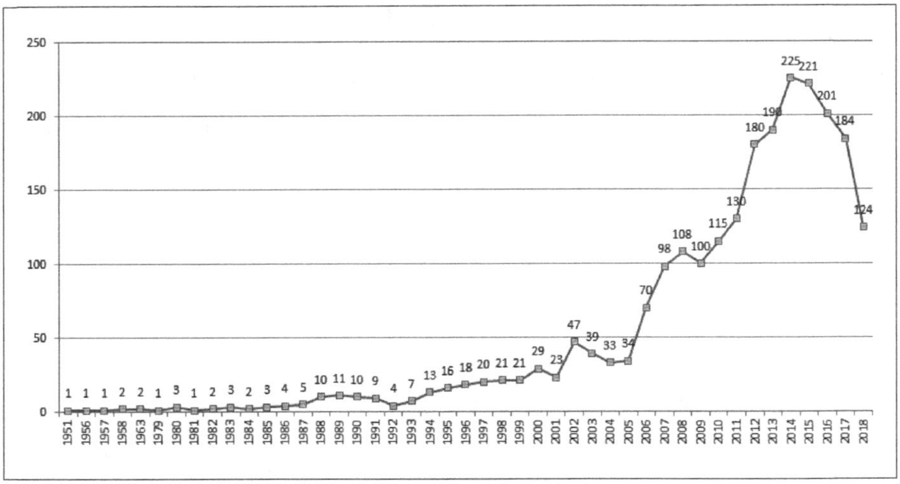

图 1　研究文献数量逐年分布图

（二）空间分布：研究机构合作情况分析

从空间分布来看，我国民族地区师资保障研究的发文机构如图 2 所示。

第一，从行政区划来看，关于民族地区师资保障的发文机构多分布于地方院校，如新疆师范大学、云南师范大学、西北师范大学、中南民族大学、西南大学、延边大学等；中央部委教育研究基地以及各少数民族教育研究中心发文量较少。其中以新疆自治区发文量最为突出。据统计，年发文量 10 篇以上的机构共 15 个，新疆地区竟占了 9 个。分别为新疆师范大学教育科学学院、新疆师范大学语言学院、新疆教育学院、石河子大学师范学院、新疆师范大学初等教育学院、新疆教育学院双语学院、乌鲁木齐职业大学教师培训学院、新疆师范大学汉语教育学院、新疆教育学院数学

① 张良，袁梅.改革开放以来民族教育信息化研究的热点与脉络演进 —— 基于 CiteSpace 知识图谱软件的量化分析 [J].民族教育研究，2018（6）：39–47.

与信息技术分院。

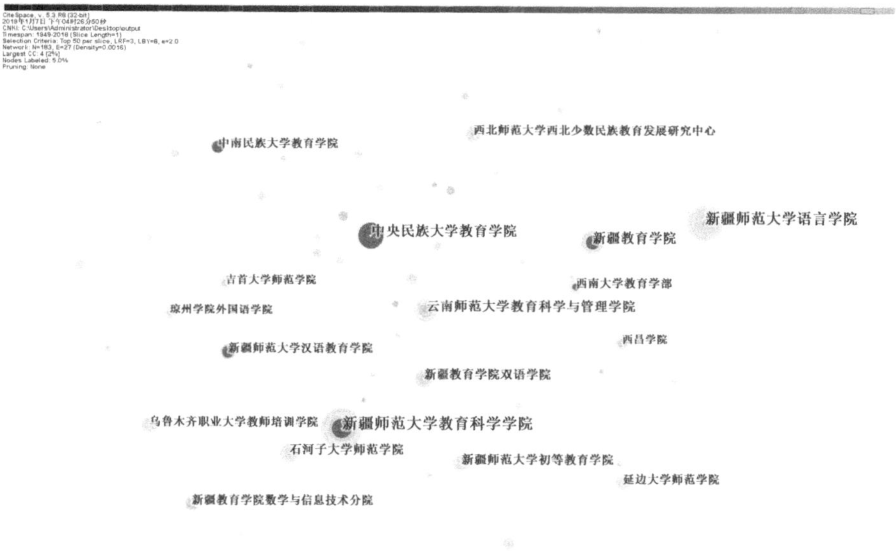

图 2　研究文献数量逐年分布图

第二，从发文机构所属类别来看，发文机构可分为三类，第一类为师范类院校，如云南师范大学、西北师范大学等；第二类为综合类院校的教育学院，如中央民族大学教育学院、西南大学教育学部、延边大学师范学院；第三类为教学科研机构，如教育部普通高等学校人文社会科学重点研究基地北京师范大学教师教育研究中心、挂靠于中央民族大学教育学院的教育部中国少数民族教育研究创新基地。

三、民族地区师资保障研究的关注焦点与演进历程

关键词体现出文章要表达的核心主题和主要内容，对关键词词频变化进行分析可以了解某一时间段内研究关注的焦点，对关键词的中介中心性

值进行分析可以了解不同阶段研究热点的转化或突变关系。①

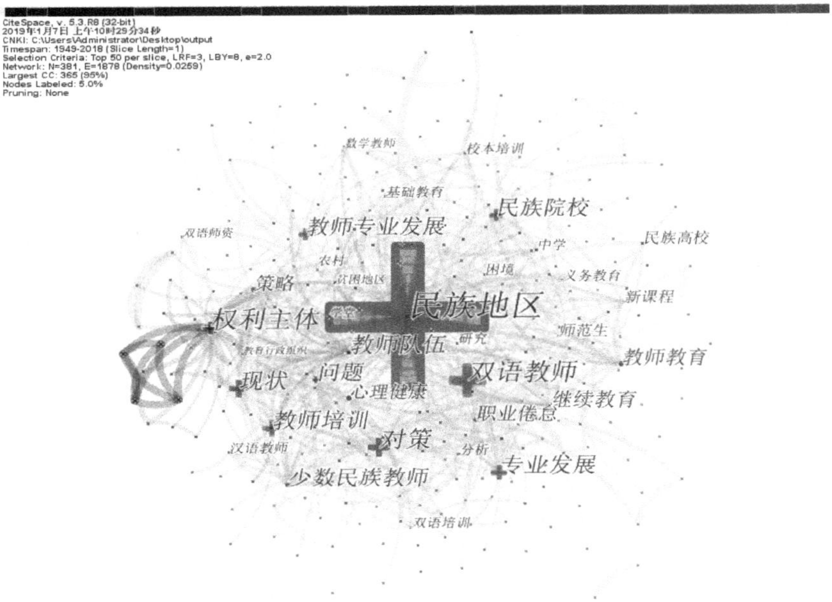

图3　民族地区师资保障研究关键词可视化结果图

图3显示可视化网络聚类结果较为合理，民族地区师资保障2342条文献的关键词计量结果共出现381个节点与1878条连线。按时间片段统计民族地区师资保障前沿关键词时序图（见图4），并按年份对部分高频关键词进行计量统计，列出民族地区师资保障研究高频关键词列表（见表1）。中介中心性（between centrality）大于0.1的词说明其具有较强影响力，是一个研究热点转向另一个研究热点的重要拐点。具有重要影响的节点出现年份为1997年、2002年、2010年以及2016年，而节点与节点之间的转化则表明我国民族教育地区师资保障研究热点的嬗变历程，同时结合民族地

① 王圣云，吴丽红.国外教师权力研究热点与脉络演进——基于CiteSpace知识图谱方法的透视[J].外国教育研究，2014（12）：114-122.

区师资保障研究关键词时序图（图4），可将1949—2018年民族教育信息化研究分为4个阶段：

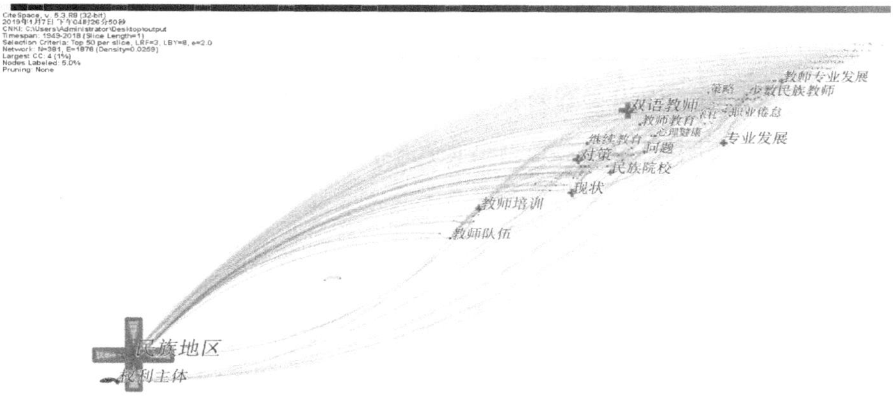

图4　民族地区师资保障研究关键词时序图

年段	年度	热点词	频次	中介中心性	年段	年度	热点词	频次	中介中心性	年段	年度	热点词	频次	中介中心性	年段	年度	热点词	频次	中介中心性
1949—1986	1963	声乐教师	2	0		1997	教师继续教育	20	0.01		2006	专业发展	64	0.08		2014	多元文化教师	2	0
	1963	权利主体	105	0.09		1997	教育行政部门	2	0		2006	双语	14	0		2014	教师职业认同	2	0
	1963	民族	122	0.14		1998	教师比例	2	0		2007	职业倦怠	29	0.04		2014	文化自觉	2	0
	1980	语文教育工作	2	0		2000	现状	66	0.07		2007	双语培训	12	0		2014	民族教育政策	2	0
	1980	民族语文教学	2	0		2000	培训	54	0.03		2007	女教师	2	0.01		2015	边疆民族地区	6	0
1987—2001	1987	民族地区	386	0.47		2000	继续教育	40	0.02		2007	多元文化教育	8	0		2015	文化敏感性	4	0
	1987	师资队伍	73	0.08		2000	体育教师	29	0.02		2008	双语教学	39	0.03		2015	学科教学知识	2	0
	1989	师范学校	4	0		2000	基础教育	12	0		2008	新课程改革	7	0		2015	教学负动机	2	0
	1990	民族师范教育	2	0		2000	综合素质培训	5	0		2009	思想政治理论	4	0	2016—至今	2016	免费师范生	4	0
	1990	教师培训	68	0.06		2001	师资建设	13	0.01		2009	校本培训	2	0		2016	互联网+	3	0
	1992	学校	29	0.02		2001	师资培养	7	0	2010—2015	2010	影响因素	17	0.01		2016	胜任力	3	0
	1993	师资队伍建设	25	0.02		2001	民族院校	52	0.12		2010	职业压力	7	0		2016	人格特征	2	0
	1993	教师总数	4		2002—2009	2002	对策	88	0.06		2011	师范生	13	0		2016	岗前培训	2	0
	1994	青年教师	36	0.05		2002	心理健康	21	0.01		2011	信息素养	7	0.01		2016	补充机制	2	0
	1994	学堂	6	0		2002	培养模式	16	0.04		2011	工作满意度	4	0		2016	需求调查	2	0
	1995	专业设置	3	0		2002	教师资格	2	0		2012	学前教育	18	0.01		2017	特岗教师	6	0
	1995	师专教育	2	0		2003	新课程	13	0		2012	教学策略	4	0		2017	核心素养	3	0
	1996	教师队伍建设	33	0.02		2003	培训者	2	0		2013	教师流动	5	0		2017	教师效能培训	2	0
	1996	民族师专	5	0		2004	问题	46	0.03		2013	培训质量	3	0		2017	跨文化交际	2	0
	1996	师资问题	3	0.09		2005	双语教师	107	0.08		2014	国培计划	8	0		2018	生存状态	3	0
	1997	中小学教师	75	0.09		2005	普通话	6	0		2014	评价指标体系	5	0		2018	卓越教师	3	0

表1　民族地区师资保障研究高频关键词列表（部分）

（一）第一阶段（1949—1986年）：侧重师资“培养培训”研究阶段

该阶段研究文献较少，所呈现的关键词亦不多，研究的重点与目光聚焦于师资培养培训体系的建设，凸显的高频词主要有1951年的关键词“教师培养”，频率为2；1963年的高频词“民族教师培训”频率为22，中介中心性为0.04；1980年的高频词“语文教师培养”与“民族语文教学”频率都为2。表明此阶段民族地区师资培养培训研究是理论与实践研究的重点。

具体研究领域，有学者对该阶段我国重点发展民族地区师资培养培训的做法予以解释，指出：“建国初期国民党遗留下来的师范教育的底子相当薄弱……由于小学教师的缺口极大，教育部在调整师范院校时，把工作重点放在了发展师范院校上。”① 亦有学者总结了中华人民共和国成立初期民族地区师资培养体系建设情况，指出：“西南少数民族地区各级政府培养了少数民族自己的师资，尤其是云南和贵州等地相继成立了少数民族师资训练班；在成都、贵阳、昆明三市分别成立民族学院。”② 有学者则对民族地区师资培训做出了研究，如李未对广西壮族自治区250余名教师的汉语拼音字母训练工作做了总结③，龚曼依对民族地区包括壮族、汉族、苗族、瑶族、侗族、京族、回族、彝族、毛难族九个民族在内的150多位高中教师培训情况做了调查与总结④。

这一阶段国家出台了一系列政策法规为民族地区师资培养培训的发展提供制度保障。如1951年国家出台的政务院《关于改革学制的决定》明

① 胡艳.建国以来师范教育发展的问题及原因分析[J].教育学报，2005（5）：88-96.

② 佚名.西南少数民族的文教工作[J].人民教育，1951（3）：38.

③ 李未.广西僮族自治区是怎样进行汉语拼音字母师资训练工作的[J].语文建设，1958（8）：7.

④ 龚曼依.极积为民族地区举办高中教师进修班[J].广西民族学院学报（社会科学版），1982（2）：112.

确规定:“师范学校和初级师范学校均得附设师范速成班，修业一年……并得附设小学教师进修班吸收在职小学教师加以训练。”1958年中共中央、国务院发出的《关于教育工作的指示》虽然发展目标略显激进，但确实促进了师范院校数量的增加。拨乱反正后1980年教育部印发的《关于进一步加强中小学在职教师培训工作的意见》从“规划制定、机构建设、教学计划统一、考核制度建立、办学条件改善”等方面对中小学教师培训做了全面细致地规划和指导[①]。

该阶段，我国师范教育尤其是民族地区的师范教育均得到了快速发展。一方面体现在师范学校数量的增加，如全国独立设置的中等师范学校从中华人民共和国成立前夕的610所，发展到了1986年的1041所；高等师范学校从中华人民共和国成立前夕的55所，发展到了1986年的257所。另一方面，体现在了师范生数量的上升，如中等师范学校的在校生人数从中华人民共和国成立初期的27.3万人发展到了1986年的61.1万人；高等师范学校的在校生人数从9.9万人发展到了1986年的48.2万人。[②]

（二）第二阶段（1987—2001年）：侧重师资队伍“数量与结构”研究阶段

此阶段对民族地区师资保障的研究重点转为中观层面师资队伍“数量与结构”的研究。涉及的关键词有1987年的“师资队伍”，频率为73，中介中心性为0.08；1993年的“师资队伍建设”频率为25，中介中心性为0.02；1994年的“青年教师”频率为36，中介中心性为0.05；1996年的“教师队伍建设”频率为33，中介中心性为0.02。这些关键词的出现表明此阶段对民族地区师资保障研究的关注聚焦于师资队伍的总体数量与结构。在

① 吴文风，曾健萍.建国以来我国中小学教师继续教育的历史反思[J].湘潮（下半月），2010（6）：4-6.

② 胡艳.建国以来师范教育发展的问题及原因分析[J]，教育学报，2005（5）：88-96.

具体研究领域，有学者指出，1986年之前，由于“一些同志因少数民族地区人才来源缺乏就采取急功近利的态度……就把一些骨干教师调离教师岗位的办法去解决其他战线的人才需要，使得青海省六个州的民族师范生，从1956年到1985年底，共培养的10621名毕业生（包括初师毕业生4980名）大批量的流到其它各条战线”①。因此，加大师资队伍建设是当时迫切需要解决的问题。

此阶段关于民族地区师资队伍的质量研究虽不是学术界研究的主流，但亦有部分学者予以了关注。如1990年的“教师培训”，中介中心性为0.06；1997年的“教师继续教育”，中介中心性为0.01；2000年出现的关键词培训，中介中心性为0.03。在具体研究领域，有学者指出，“培养合格初中教师促进民族教育发展，是贵州黔南民族师专开办五年的探索与实践”②；学者聂健全认为“民族地区在普及义务教育的征途上，主要的拦路虎是缺乏足够数量的合格教师，对不合格教师的培训是当前民族地区教育工作中的首要任务”③。可以看出，此阶段关于教师队伍质量的提升亦是在保证教师队伍数量充足的前提下展开的，着重民族地区在职教师的继续教育，注重教师职前、入职和之后的培训④。

这一阶段国家出台了一系列政策法规为民族地区师资培养培训的发展提供制度保障。如1985年，中共中央《关于教育体制改革的决定》指出：“建立一支有足够数量的，合格而稳定的师资队伍，是实行义务教育，提

① 刘文璞.谈谈我省民族中小学教师队伍建设工作中的几个关系问题[J].青海民族学院学报（社会科学版）.1987（3）：41-46.

② 黄朝宾.培养合格初中教师 促进民族教育发展——贵州黔南民族师专开办五年制专科班的探索与实践[J].民族教育研究，1996（4）：58-61.

③ 聂健全.试论民族地区培训师资的新途径[J].西北民族学院学报（哲学社会科学版），1989（4）：96-101.

④ 任胜洪，吴卫，胡雪芳.改革开放40年民族地区教师队伍建设的政策回顾及展望[J].民族教育研究，2018（6）：18-24.

高基础教育水平的根本大计。”又如1992年，国家教委颁布的《全国民族教育发展与改革指导纲要（试行）》中指出：“积极发展和改革民族师范教育，大力加强民族师资队伍建设。”又如1993年，国务院在《中国教育改革和发展纲要》中提出：“建设一支具有良好政治业务素质，结构合理，相对稳定的教师队伍，是教育改革和发展的根本大计。”

20世纪90年代是我国中小学教师继续教育发展的重要历史转折时期。特别是《教师法》《教育法》和《中小学教师继续教育规定》等法律法规的颁布实施，标志着中小学教师继续教育开始走上法制化道路。①

（三）第三阶段（2002—2009年）：侧重师资队伍“质量”研究阶段

第三阶段研究的重点是民族地区师资队伍“质量”研究阶段。学界一方面更加注重教师个体专业技能的发展；另一方面，更加注重教师个体专业技能的发挥。

在教师个体专业技能的发展方面。出现的高频词主要有“培养模式”“专业发展”“双语培训”“新课程改革”“校本培训”等。对这一研究领域的关注是因为“步入新世纪后，为更好地适应时代对民族地区师资队伍建设的要求，加快民族地区教师专业化发展……民族地区师资队伍建设更加重视教师培训机制的时效性、更突出民族教师培养培训的地方性”②。具体研究领域，有学者对民族地区教师培训模式进行了探索以期加强师资质量，如孙鹏国认为“边远少数民族地区因其地理位置、社会环境的特殊性，中小学教师继续教育培训模式必须有自己的特色……采用

① 吴文风，曾健萍.建国以来我国中小学教师继续教育的历史反思[J].湘潮（下半月），2010（6）：4–6.

② 任胜洪，吴卫，胡雪芳.改革开放40年民族地区教师队伍建设的政策回顾及展望[J].民族教育研究，2018（6）：18–24.

'实践—反思—学习—交流—实践'的模式进行培训"[①]；也有学者通过对教师职务的研究以期保证师资质量，如包秀荣对民族地区教师职务评聘制度进行了细致分析[②]。

在教师个体专业技能发挥方面。出现的高频词主要有"心理健康""职业倦怠""多元文化教育"等。首先，该阶段的研究对教师个体的心理健康予以了关注，出现的高频词如"心理健康"与"职业倦怠"，如王磊、田晓红对民族地区中小学教师心理健康状况进行了调查研究[③]。其次，学术界的研究亦关注了教师群体所面临的主体间的文化间性，高频词如"多元文化教育""双语教学"等，如兰彩萍对南疆五地州汉语教学和民族教师双语情况进行了调查与研究[④]。

此阶段学术界对民族地区师资质量保障研究的关注与国家政策息息相关。如2002年国务院出台的《国务院关于深化改革　加快发展民族教育的决定》指出："少数民族和西部地区教师队伍建设要把培养、培训'双语'教师作为重点……加强县级教师培训基地的建设。"2005年教育部关于贯彻落实《中共中央、国务院关于进一步加强民族工作，加快少数民族和民族地区经济社会发展的决定》亦指出："要进一步下功夫建设一支高质量的少数民族师资队伍。各民族地区要通过'民族贫困地区中小学综合素质培训项目''农村中学教育硕士师资培养计划''联合国儿基会师资培训项目'等项目积极培养下得去、留得住、用得上的少数民族师资。"

---

① 孙鹏国.少数民族地区中小学教师继续教育培训模式的研究[J].内蒙古师范大学学报（教育科学版），2002（6）：137-138.

② 包秀荣.对民族高校实施教师职务评聘制度的几点思考[J].内蒙古民族大学学报（社会科学版），2005（6）：93-96.

③ 王磊，田晓红.民族地区中小学教师心理健康现状调查[J].教育研究与实验，2010（5）：85-88.

④ 兰彩苹.南疆五地州汉语教学和民族教师双语情况调研[J].中南民族大学学报（人文社会科学版），2007（S1）：198-200.

（四）第四阶段（2010—2015年）：侧重教师个体专业发展研究阶段

此阶段关于民族地区师资保障的研究重点又一次发生了转向，从中观师资队伍建设的“量与质”的保障研究转向了微观层面教师个体“专业发展”的研究。从民族地区教师个体专业发展的视角出发，更加注重民族地区教师跨文化能力与信息素养等方面的提升。

在教师文化敏感性与跨文化能力发展研究方面，涉及的关键词有“多元文化教师”“文化自觉”“边疆民族地区”“文化敏感性”等。对这一领域的关注是因为义务教育均衡在民族地区的有序推进引起了学术界对我国多元文化社会中教育的讨论，如有学者指出“文化差异、文化敏感性问题在教师教育中是一个不能被忽视的重要方面，在多元文化时代，教师教育如何适应学生文化特征和背景是一项重要的课题”[①]。又如有学者对教师跨文化能力的发展途径做了研究，认为需要“从课堂教学中教师文化敏感性的涵义入手，从引导教师重新理解其文化角色、培养和提升教师的跨文化能力、构建多元文化教师教育课程教学体系等方面发展教师文化敏感性与跨文化能力的可能路向”[②]。

在教师信息素养研究方面，涉及的关键词有“信息素养”“互联网+”等。学术界对这一研究领域的关注与民族教育信息化的发展有关，如2012年教育部颁布的《教育信息化十年发展规划（2011—2020年）》提出“各学校要从‘教师信息化教学的习惯’‘知识呈现方式、教学评价方式、组织差异化教学等方面的变化’‘学生多样化、个性化学习方面的改变’的主要维度确定发展基线和年度规划”。在具体研究领域，有学者

① 金志远.多元文化时代的教师文化敏感性及其教育[J].民族教育研究，2014（4）：112-119.

② 程良宏，马新英.课堂教学中教师的文化敏感性及其培育[J].全球教育展望，2014（12）：36-43.

对民族地区教师信息素养研究的必要性做了研究，指出“中国是一个多民族国家……面对大山阻隔、师资紧缺、教学资源匮乏和传统观念很深的少数民族地区教育，重视教育信息化发展，注重信息技术与教育教学的全面深度融合，对促进少数民族地区教育均衡发展和实现教育公平具有独特的重要作用”[①]。有学者则将研究领域聚焦于教师信息素养提升的途径，指出“应注重教师教育理念的转变，提高专业知识水平和信息素养能力，还要做好信息化培训工作”[②] 以提高教师信息素养。

学术界对“教师专业发展”这一研究领域的关注与教育实践领域教育政策密切相关。如2010年《国家中长期教育改革和发展规划纲要（2010—2020年）》提出了建设高素质教师队伍、加强师德建设、提高教师业务水平等方面的要求。2011年教育部颁布的《做好少数民族双语教师培训工作的意见》以及同年国务院颁布的《关于印发少数民族事业“十二五规划”的通知》也对教师专业发展提出了建议。2015年国务院颁布的《关于加快发展民族教育的决定》亦指出要“加强师德师风教育，全面提高教师思想政治素质、师德水平和能力素质”。

四、民族地区师资保障的研究前沿

研究前沿是某一研究领域中最先进且最具有发展潜力的研究主题。而凸显主题词表示在一段时期内该研究主题受到了高度关注，是当时正在兴起、并具有很大发展潜力和价值的研究方向，通过探索凸显主题词的演变

① 高方银，申建恒.少数民族地区教育信息化发展的新思考——以贵州省遵义市务川仡佬族苗族自治县为例[J].中国电化教育，2013（9）：35–38.

② 胡金顿.教育信息化背景下民族地区教师素养提高的探索[J].教育探索，2013（7）：100–101.

路径可以在一定程度上揭示某个研究领域主题的发展趋势，并挖掘潜在的、有价值的研究方向。

从表1与图5可以看出，2016年以来关于民族地区师资保障的研究领域依然聚焦于教师专业发展，但研究的价值取向发生了偏移，更加注重教师的全面、优质发展，即“卓越教师”领域的研究。涉及的关键词有“卓越教师”“胜任能力”“人格特征”“核心素养”等。这一研究领域的催生源于民族地区基础教育对教师优质资源的渴求，反映了教师问题由“数量矛盾”向“质量矛盾”的转变[①]。

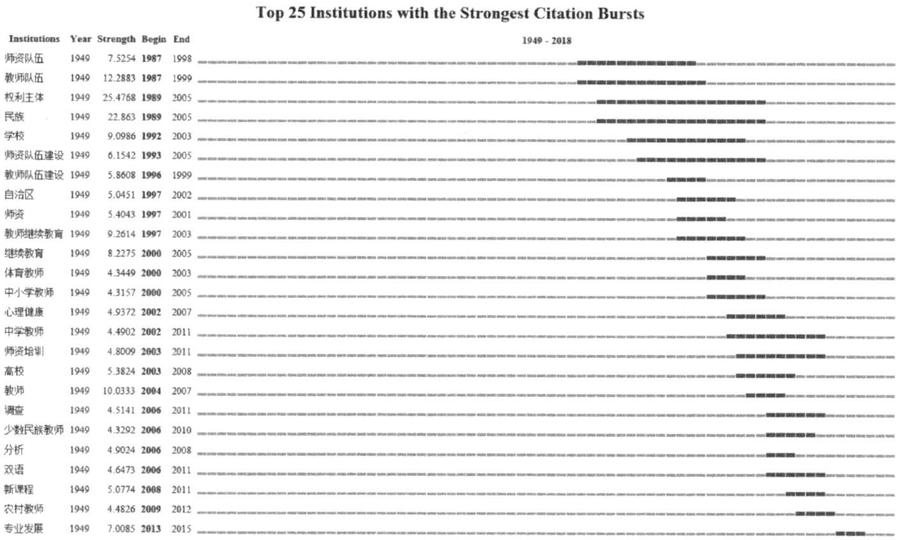

图5　民族地区师资保障研究凸显主题词年份分布图

具体研究领域，有学者对“卓越教师”的概念进行了梳理，涉及的关键词如“胜任力”“人格特征”“核心素养”“跨文化交际”等，认为其是

① 薛晓阳.卓越教师的意图改写及反思——教师教育体系、教师资格制度的价值、功能与关联[J].教育研究与实验，2018（3）：1–8.

指拥有复杂结构化的知识储备、精确的自我监控与评估、积极思考且善于反思、人际关系处理得当、人格魅力凸显、组织才能优越以及成就取向领域优质①的教师。亦有学者对“卓越教师”的职前培养进行了探索，认为应从课程体系、协同培养实践共同体和个性化培养三方面构建职前培养体系②。

研究主题的转变同教育实践领域与政策领域的变迁密切相联。2014年，教育部《关于实施卓越教师培养计划的意见》要求“培养一大批师德高尚、专业基础扎实、教育教学能力和自我发展能力突出的高素质专业化的卓越小学教师”。2015 年的《乡村教师支持计划（2015—2020年）》，其中心问题就是围绕优质教师资源展开的。2018年初，中共中央、国务院《关于全面深化新时代教师队伍建设改革的意见》强调“全面提高中小学教师质量，建设一支高素质专业化的教师队伍”的要求，这是对教师向“卓越”方向迈进的指引。

五、结论与启示

（一）研究结论

本文运用CiteSpace可视化软件，对CNKI数据库中1949年以来与民族地区师资保障相关的文献进行了可视化研究与不同层次的分析，从时间演进过程、空间分布描述以及研究热点的嬗变中得出了以下四个方面的结论：

---

① 周明星，荆婷.乡村小学卓越教师特质及其影响因素——基于湖南省43所乡村小学的调查[J].教育研究与实验，2018（4）：62-69.

② 胡蓉，王勇.实践取向下卓越地理教师职前培养探索——以西南大学地理类师范生为例[J].中学地理教学参考，2018（10）：53-56.

1.从时间分布来看，自1949年以来，有关民族地区师资保障研究的成果不断涌现。尤其是2002年以来，民族地区师资保障研究深受学术界的广泛关注，其发文数量不断扩大、发展速度异常迅速。综而观之，有关我国民族地区师资保障研究的成果数量非常丰富，且总体呈现出日益发展的上升趋势。

2.从空间分布来看，自1949年以来民族地区师资保障研究的科研人员队伍不断壮大，研究机构种类繁多，呈现出“百花齐放”的态势。从行政区划分布来看，新疆自治区各类教育机构对师资保障的研究尤为突出；从研究机构种类来看，各类科研机构均对这一研究领域予以了关注。

3.从民族地区师资保障研究的历史演进来看，自1949年以来，我国民族地区师资保障研究大致经历了四个阶段：第一阶段（1949—1986年），侧重师资“培养培训”研究阶段；第二阶段（1987—2001年），侧重师资队伍“数量与结构”研究阶段；第三阶段（2002—2009年），侧重师资队伍“质量”研究阶段；第四阶段（2010—2015年），侧重教师个体专业发展研究阶段。

4.从民族地区师资保障研究的前沿动态来看，我国民族地区师资保障研究聚焦于“卓越教师”研究。未来一段时间，国内学术界对这一领域将予以持续关注，为民族地区优质教师资源的均衡配置、民族教育教学质量的提升提供智力支持。

（二）思考与启示

1.1949年以来，民族地区师资保障研究脉络演进出现了3个转向

第一，研究范围方面，发生了从宏观向中观再向微观的转变。如从宏观国家层面“师资培养培训”的研究到中观学校层面“师资队伍数量与质量保障”的研究，再到微观教师个体层面“教师专业发展”与“卓越教师”领域的研究。

第二，研究价值取向方面，由社会本位转向了个人本位。如关键词由1951年的“教师培养”、1993年的“师资队伍建设”、2000年的“师资培训”向2002年的“心理健康”、2010年的“职业压力”、2011年的“信息素养”的转变。

第三，研究内容方面，由“师资队伍建设现状与问题的实践研究”转向了“师资队伍理论与问题高度融合的‘理论+实践’的综合研究”。如关键词有1996年的“师资问题”、2000年的“现状”转向了2002年的“培训模式”、2008年的“新课程改革”。

2.1949年以来，我国民族地区师资保障研究主题的嬗变表现出3个特征

第一，民族地区师资保障研究主题的阶段性。具体而言，民族教育信息化的研究以学科发展与社会发展相适应，可分为四个阶段，且每个阶段研究的热点亦不相同。

第二，民族地区师资保障研究主题的动态性。该领域的研究主题是动态发展的过程：一方面研究主题发生了从宏观到微观的变化，另一方面，研究的价值取向亦发生了从社会本位向个人本位的转向。

第三，民族地区师资保障研究主题的时代性。每一阶段民族地区师资保障研究的热点都与当时民族地区教育的时代主题相关，且都强调通过师资保障促进民族地区教育质量的提升。

执笔：袁梅、张良

第三节　民族地区师资保障研究的策略与方法

一、研究思路

研究的思路图如下：

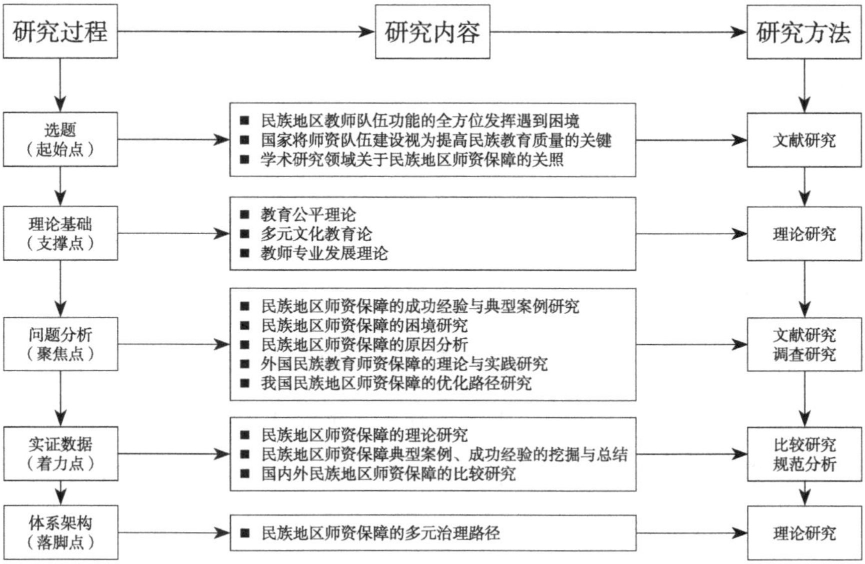

二、研究策略

1. 系统论的策略

从不同层面、不同角度具体分析影响民族地区师资保障的各种制约因素。研究方法主要运用文化人类学整体观方法论，系统地分析民族地区社会、历史、经济、文化、地理环境等外部因素的影响，全面探讨政策保障、待遇保障、培训保障、职称评聘等内部因素对师资保障的影响。其中既包括对现实问题的深度调查，又有历史演变历程的梳理。在研究内容方面，主要研究某一地区、某一民族师资保障情况的典型或特色案例，而非进行全面调查研究。在此基础上，把这些选取的典型个案资料置于民族地区教育均衡发展的大背景下，注重特殊与一般性研究的有机结合，揭示民族地区师资保障的真实状况。

2. 行动研究的策略

以切实有效的服务和促进民族教育实践革新为宗旨，面向实践，与民族地区教育管理人员、教师合作，广泛征求学生、家长、用人单位和社会各方面意见，共同反思实践，尤其是针对现实中存在的重大问题，积极采取创新性试验，探索建设性改革措施，有效地促进民族教育实践发展。① 实践是检验真理的唯一标准，了解民族地区师资保障情况最有效的方式便是进行实地调查，因此本研究主要扎根于民族地区，对民族地区师资管理单位、学校等运用访谈与观察等方法获取有效资料。

根据以上研究策略，在具体研究过程中，注重理论联系实际，配套运用理论研究和实证研究两种研究方法，获得更全面的资料。要清楚理论研究法从事实材料中引出的研究结论是否符合调查对象的实际，是否揭示了

---

① 苏德.蒙汉双语教育研究：从理论到实践[M].北京：民族出版社，2014.

事物发展的一般规律，或预测了事物的某种发展趋势，还必须对研究结论进行检验，看调查研究结论与事实材料是否符合，符合到什么程度；如果不符合，则找出在什么地方出了差错，并加以修正、补充。只有经过检验的结论才可作为根据加以运用。①

三、研究方法

1. 文献研究法

文献研究法是从所要研究课题的历史依据出发，搜集与该课题有关的文献资料，厘清相关理论的基础上，结合个案研究，探究其现状和问题的方法。研究过程不可能全部通过观察与调查，它还需要对与现状有关的所有文献资料做出分析判断。② 搜集文献过程中，先从就近、容易找到的材料着手，再根据研究的需要，寻找一些分散在各地、不易得到的资料，为使过程更有效，可以分阶段进行整理，以便随时使用。主要搜索网站包括知网、万方、独秀、Nature、Springer Link、Wiley等。

2. 田野调查法

田野调察是文化人类学、考古学的基本研究方法，是"直接观察法"的实践与应用，也是研究工作开展之前为了取得第一手原始资料的前置步骤。所有实地参与现场的调查研究工作，都可称为田野调察。③

本书使用田野调查法对内蒙古自治区、西藏自治区与青海省的教育厅、人民政府、民族中小学，进行了全面、深入的调查。以此获取了这些典型地区师资保障方面的第一手现状资料，主要采用的方法是深度访谈法及现

① 萧浩辉.决策科学辞典[M].北京：人民出版社，1995.

② 黄呈江.民族地区义务教育阶段师资建设研究[D].重庆：西南大学，2014.

③ 黄呈江.民族地区义务教育阶段师资建设研究[D].重庆：西南大学，2014.

场观察法，通过访谈机关中有关师资保障的管理人员与中小学教师，了解各地区对此问题的理解和主要遇到何种困境。最后分析调查所得资料，经过一定的抽象概括，得出结论。田野调查法主要包括以下三个步骤：

第一，场景和样本的选取。研究场景本着了解现场的权力结构、人员关系以及普遍认可的行为规范，选择了相对完整的单元——旗（县）和市，采用“抓大放小”而非包罗万象式的研究方式。选取样本的主要原则是能反映民族地区师资队伍建设现状的个案点及调查对象。主要个案点为内蒙古自治区人民政府、通辽市政府、科左中旗教育局、库伦旗教育体育局、西藏自治区教育厅、林芝市教育局、拉萨市教育局、林芝市宜巴区中心小学、青海省共和县教育局等。主要研究对象为民族地区机关领导、师资保障相关行政人员、小学领导与教师，经过深度访谈从以上调查对象口中获取研究所需资料。

第二，材料的收集。收集资料时，深入不同民族地区和不同民族群体，采用参与观察、现场录像、主题座谈、个案自述、自由访谈等方式，以获得翔实可靠的第一手资料。具体包括：（1）市、旗（县）教育局提供的本地基本情况与各级各类学校数目、学校类型、师生数目与学生升学率等情况；（2）旗（县）教育局关于中小学、幼儿园教师队伍建设的情况汇报，如教师招聘方式、教师培训、教师压力来源、教师教学评价等；（3）民族地区小学教师学历、教师职业倦怠情况、职称评聘制度的满意度、培训人员分配满意度、培训效果、工资满意度等内容。

第三，数据的分析。具体运用以下研究方法：（1）NVivo数据分析软件，对数据进行质性分析。NVivo是美国QAR International开发的定性和多种混合方法相结合的数据分析软件，是研究人员在扎根理论研究方法中经常使用的软件工具。主要根据节点进行编码，再统计编码频次，代表每个节点在原始文本资料中出现的次数。[①]（2）教育民族志的三角互证法，即综合运用基层的学生、教师、管理人员所收集的数据，对同一问题从不同的视角进行多方面分析，最终获得较全面的信息。（3）比较法，即通过不同民族地区、不同民族师资队伍建设的特点和差异，寻求相应的规律和对策。

在归类整理和分析田野调查材料，获取民族地区师资保障相关信息时，需要严格遵循主客位研究的方式方法，资料分析所得结论不能仅依赖于研究者的主观意识，而应该先以田野调查所得资料为主要依据，从客观的角度得出客观的结论。不能只以研究对象的主观叙述反映总体情况，每个人的叙述都存有自己的主观意识所在，也不能仅凭客体文化的影响去判断总体情况，普遍获得认可的文化观不一定能反映各民族地区的真实情况。因此，要结合主客位文化相结合原则，得出基于调研所得资料的客观结论。

若对以上介绍的本研究拟采用的主要研究策略、宏观的研究方法以及具体的研究方法进行可行性分析的话，一部分为质性研究方法，一部分为量化研究方法，研究中对两种策略与方法综合使用，虽然有较大难度，但分析出来的结果效果极佳。通过研究我们了解到偏远地区的师资保障着实薄弱，普遍存在教师质量、教师专业发展及教师难以保证良好状态的问题，严重制约了民族地区教育发展。因此，做好民族地区师资保障工作非常重要，需要更多研究者运用更新的方法论与策略去更深层地研究与探讨民族地区师资保障情况，并根据存在的问题，再结合实际提出相应建议，以便更有效地促进民族地区师资保障工作的顺利开展。

执笔者：张良、袁梅

---

① 黄呈江. 民族地区义务教育阶段师资建设研究 [D]. 重庆：西南大学，2014.

第二章 >>>>

民族地区师资保障的理论基础

在义务教育优质均衡发展的背景下，对于民族地区中小学师资队伍的保障，关注的重点不仅仅是细碎的现象和知识，更在于如何通过多源流的理论分析视角和框架去理解和解决师资队伍建设的问题。因此，本章主要介绍与民族地区师资保障问题密切相关的教育公平理论、多元文化理论和教师专业发展理论，以及呈现相关理论框架对于民族地区中小学师资保障研究的启示和指导作用。

第一节　教育公平理论

教育公平理论涉及教育学、社会学、伦理学、经济学、政治学、法学、管理学等众多领域，是一个众多学科领域关注的焦点议题。但这并不否认它的相对独立性。教育公平既是社会公平的一个重要方面，也是我国教育事业追寻的基本目标。除此以外，教育公平同样是我国民族教育发展的出发点和落脚点，是对公共教育资源分配的基本准则，故对于解决不同地区师资分配不均衡的问题具有重要的理论指导价值。

一、思想渊源

公平是一个随着历史发展自身不断变迁的概念，从柏拉图的“理想国”到卢梭的“自然教育”，从亚当·斯密的“经济和谐”到格林的“政治和谐”，以及到罗尔斯的“公平的正义”，公平的定义一直被追寻。而教育作为社会中的一个子系统，教育公平就是社会公平在教育领域内的蔓延和扩展，构建现代意义的教育公平观需先梳理公平发展的脉络。在诸多学者的探索下，其主要思想脉络大致可以分为以下三个阶段：

（一）古代公平思想

基于中国传统的社会政治和文化背景，中国古代教育无论是思想理念还是政策制度都很注重公平性，虽然在君主专制的社会制度下其实现程度受到较大的限制，但大体上看还是能够抑制特权和私利的影响，尽力体现关照全体、一视同仁的教育原则。而基于人人都有接受教育的可能性，一视同仁的教育公平原则，孔子率先提出“有教无类”的主张，认为教育不应该有地域区别，不受种族、门第限制，任何人只要有求学的愿望，就应当得到满足。[①] 春秋时期，孔子“有教无类”思想是我国关于教育公平最经典的描述，冲破了当时“礼不下庶人”的等级制度，推动了“学移民间”，开创了教育公平理念的先河，成为了后来教育家理论的内源性基础。主要体现在“有教无类”的教育起点公平、“因材施教”的教育过程公平、“各言尔志”的师生平等观三个方面。

西方较早提出教育公平理念的学者是柏拉图，他认为人人都可以接受教育，并主张通过立法的程序保障这一思想的落实。在其经典著作《理想国》中提出了实行基础义务教育的初步想法，认为公平的教育不应考虑受

---

① 俞启定. 略论中国古代传统的教育公平 [J]. 教育研究与实验，2019（02）：24-29.

教育者的地域、种族、年龄、性别、阶级，且教育要使每个人的能力达到发展。与柏拉图同为古希腊三杰之一的亚里士多德也在其著作《尼各马科伦理学》对“公正”“平等”做出了自己的阐述：“关于公正以及与此相应的公正事情，一类表现在荣誉、财物以及合法公民人人有份的东西的分配中（因为这些东西中，人们相互之间存在着不均等和均等的问题），另一类则是在交往中提供是非准则。”① “公正就是比例，要根据各自价值分配才是公正。”② 即一分耕耘一分收获，社会应根据每个人的实际价值和贡献实行按比例分配收益或承担相应的责任，这种平等被称为比例平等。除此以外，他也提倡数量平等，即将社会资源平均分给每个人。亚里士多德的这种“比例平等”的理念可以说开创了差别对待的先河，为后世的公平思想奠定了基础。

（二）近代公平思想

17世纪，英国政治家霍布斯在其著作《利维坦》中提出了“自然平等”的理念，为后世众多思想家的“人生而平等”做了重要的铺垫。承袭霍布斯的思想，法国启蒙思想家卢梭提出了民主、博爱、平等的口号，并在其蜚声遐迩的《社会契约论》中提出了政治平等观，主张人在法律与政治权利面前都享有平等的地位，提倡建立一个主权在民的社会。18世纪80年代，德国哲学家康德在霍布斯、卢梭观点的基础上，从伦理的角度出发提出了“道德平等观”，赞成“开明专制”，即国家要尊重公民的权利，并指出“人生而为具有自由意志的道德主体，其良心必须听从道德。”使得近代的公平思想在政治保障方面得到了新的发展。

---

① 亚里士多德.尼各马可伦理学[M].苗力田，译.北京：中国人民大学出版社，2003：97-99.

② 亚里士多德.尼各马可伦理学[M].苗力田，译.北京：中国人民大学出版社，2003：97-99.

（三）现代公平思想

马克思、恩格斯从社会经济的角度解释公平，认为只有消灭剥削，消除私有制，实现共产主义社会，人与人才是真正的平等关系。[①] 马克思、恩格斯虽没有对教育公平作出正面解释，但在对空想主义家的批判中却展现了支言片语。他们指出，教育公平问题主要表现为“教育的平等性”问题，而平等性包含两层深刻的含义：其一，教育是每个公民都应该拥有的一项平等权利；其二，这种平等表现为每个人智力和能力发展的平等，即“人的自由发展和全面发展”[②]。

罗尔斯和诺齐克也有过对教育公平的探讨。美国哲学家罗尔斯提出了“一般的”正义观：“所有社会价值——自由与机会、收入与财富以及自尊的基础——都应平等地分配，除非对其中一种或所有价值的一种不平等分配合乎每一个人的利益”[③]，并从伦理学的视角出发，认为社会资源分配要遵循以下原则：第一原则为“平等自由原则”，第二原则为“差别原则”与“机会公平原则”；第一原则优先于第二原则，第二原则中的“机会公平原则”优先于“差别原则”。[④] 其理念是主张给每个人以公平竞争的机会，促使人们通过自身的努力减少与生俱来的某种不平等性，当社会中出现了不平等的现象时，社会要通过强制的、机械的、人为的渠道将这种现象限制到最低的状态，即通过削高补低的方式来追求结果的平等，以合乎最少受惠者的最大利益。

与罗尔斯照顾弱者的立场不同，诺齐克属自由至上主义，他提到“不管人们的自然资质从道德观点上看是否是任意的，人们对其自然资质是有

① 马克思，恩格斯.马克思恩格斯全集（第三卷）[M].北京：人民出版社，2002：52.

② 郭彩琴.论马克思恩格斯的教育公平观[J].马克思主义研究，2007（1）：55–59.

③ 约翰·罗尔斯.《正义论》[M].何怀宏,译.北京：中国社会科学院出版社，2003：7.

④ 约翰·罗尔斯.作为公平的正义——正义新论[M].姚大志，等译.上海：上海三联书店，2002：77.

权利的，对来自其自然资质的东西也是有权利的”[①]。诺齐克遵循正义，更注重教育过程的公平，认为各项教育资源应根据个人的天赋才能合理地给予受教育者，其观点更偏向于精英教育。

德沃金的观点介于罗尔斯和诺齐克之间，他提出同等重要和特殊责任的原则，也就是说主张资源平等，对于先天条件不足的人予以一定的补偿，同时也认为个体有为自己的选择负责的义务，在发展后期要靠自己努力。

麦克马洪提出了三类型说：水平公平，指相同者受相同对待；垂直公平，指不同者受不同对待；代际公平，指确保上一代人的不平等现象不至于全然延续下去。[②]三种公平中，前两者是将教育作为研究对象，而后一类则是将教育当成了实现社会公平的工具。

除此以外，美国经济学家阿马蒂亚·森提出了一种新的平等观——能力平等观。他认为教育的主要功能为培养社会生活所需要的各种知识与技能，以此来达到社会的机会平等。

可以看出，古今中外的教育家、哲学家、社会学家根据所处时代的需要以及本国的具体国情提出了众多教育公平思想，虽具有一定的差异性，但却都是紧紧围绕“人生而平等”这一点展开的，虽然不一定适应我国的教育发展，但却有一定的借鉴和启迪作用。这也从另一方面说明教育公平是一个历史范畴，在不同的时代、不同的国家，教育公平都有不同的诠释。

---

① 罗伯特·诺齐克.无政府、国家与乌托邦[M].何怀宏，等译.北京：中国社会科学出版社，1991：228.

② 翁文艳.教育公平的多元分析[J].教育发展研究，2001（3）：62-64.

二、基本内容

关于教育公平的界说一直是历史的、动态的、不断生成的。不同的学者从不同的学科视角出发，对教育公平的本质内涵进行了较为深入地探讨。一般意义上而言，教育公平既有平等的含义，又有公道和正义的内涵。教育公平指的是每个社会成员享有同等的受教育权利和机会，享有同等的公共教育资源服务，享有同等的教育对待，享有同等的取得学业成就和就业前景的机会。[①] 国内外对于教育公平的探询使其成为一个具有丰富内涵的概念。

1. 胡森、科尔曼：机会均等

机会均等理论指的是教育机会和权利的平等，其发展主要经历了保守主义、自由主义、激进主义三次更迭。主要代表人物为詹姆斯·科尔曼和托尔斯顿·胡森。

20世纪后，詹姆斯·科尔曼在《关于教育平等性的报告》(Equality of Educational Oppotunity)中论述了教育平等与经济平等的关系，并提出了教育机会均等的四种含义："(一)在前工业社会中，家庭是生产单位，并承担着社会福利和教育的职责。教育面前机会均等，在当时并不是一个问题。(二)在工业社会中教育机会均等发展到面向人民群众子女的、基础的、义务的、公款帮助的教育。(三)欧洲的自由主义者和社会主义者着眼于能够建立为所有儿童提供同样机会的教育系统，也就是说，不论其社会出身，人人都能够不受限制的根据机会均等的原则受到教育。(四)在自由主义的理论中，教育机会均等被理解为受教育结果或学业成绩的均等。"[②] 他还提出教育机会均等的四个标准："第一，进入教育系统的机会

① 周洪宇.教育公平论[M].北京：人民教育出版社，2010.11.

② 扈中平，陈东开.中国教育两难问题[M].长沙：湖南教育出版社，1995：209.

均等；第二，参与教育机会的均等；第三，教育结果的均等；第四，教育对生活前景机会的影响均等。”① 科尔曼的这一报告是教育公平理论发展过程的转折点，教育公平由最初的入学机会均等扩展到了教育质量机会的均等。

瑞典教育家托尔斯顿·胡森对之前关于教育公平理论的发展脉络阐释为以下三个阶段：（1）效率优先的起点平等论，强调教育权利平等，即法律保障人人都有受教育的权利，但不同能力的人（实际上是不同阶层的人）进入不同性质的学校②，如18世纪西方国家实行的“双轨制”。（2）公平优先的过程平等论，主张基础阶段的教育应尽可能地排除阶级给学生学业带来的差异，即保持不同学校的教育基本一致，如20世纪初美国的公立学校运动。（3）突出个性发展的结果平等论，认为同样地对待每一个儿童并不是平等，真正的平等应该使每个儿童都有相同的机会得到不同方式的对待。③ 由此可见，以教育机会为标准，教育机会均等经历了突出能力的教育权利平等，重视制度的教育机会均等和关注教学的教育结果均等三种不同含义的发展与演变。

2. 帕森斯：教育资源分配平等

教育资源分配理论是基于教育是维护社会秩序的工具这一功能提出的，主张教育不公则难以保证社会正义，但由于教育的绝对公平较难实现，故只能通过合理分配教育资源来保障社会的稳定运行。持该理论的主要代表人物是帕森斯，他提出了社会系统理论，认为教育执行两种功能：社会化和选择，认为教育是一种形式上的平等，通过教育的产品——个

① 张人杰主编.国外教育社会学基本文选[M].上海：华东师范大学出版社，1989：191.

② 诸燕，赵晶.胡森教育平等思想述评［J］.徐州师范大学学报（哲学社会科学版），2007（4）：114-118.

③ 诸燕，赵晶.胡森教育平等思想述评［J］.徐州师范大学学报（哲学社会科学版），2007（4）：114-118.

人职业对于社会分层和社会公平产生质的影响。而在现代社会教育平等的层面，应该致力于最大限度地减少制度化的贵族统治，即通过教育打破传统的阶级社会而转变成真正的民主社会。① 也就是说，高质量的教育可以被更多的人享有，而不是垄断在少数人的手中，造成教育不均。他指出教育不公平的根源在于资源的总体不足和配置的部分不均衡，若要改变这一状况，最有效的方式就是扩大教育资源的总量、提高教育资源的质量、完善教育资源分配的机制，以实现教育资源的分布均衡，达到促进教育公平的目标。

3. 布尔迪厄：教育通过文化资本的复制加剧社会不平等

法国社会学家布尔迪约则描绘了一种揭示教育不平等的分析框架。在《继承人 —— 大学生与文化》中他曾这样写道："教育系统客观地进行着淘汰，阶级地位越低受害越深 …… 从掌握文化的难易程度和愿望这两重意义上讲，工农出身的大学生处于最不利的地位：直到最近一个时期，他们甚至还不能在家庭环境中找到吸引他们努力求学的因素。"② 他指出底层阶级的出身将使这批学生被迫继承其父辈较低的文化资本，学校教育不仅不能改善这一情况，反而"通过把社会等级变成学术等级"，促成了现有"'社会秩序'的永存"，③ 可以看出布尔迪约是在精英主义的立场对教育公平持批判的态度，认为教育只是维护现有社会秩序的工具，不仅不会促进教育公平反而会加大社会不公，致使阶层固化。

---

① 草珺.社会主义教育公平观及其实践对策研究 —— 以我国西北地区基础教育为例[D].兰州：兰州大学，2017：30.

② P.布尔迪约，J.-C帕斯隆.继承人 —— 大学生与文化[M].邢超克，译.北京：商务印书馆，2002：5-26.

③ 皮埃尔・布尔迪约.文化再制与社会再制[M]// 厉以贤主编.西方教育社会学文选.台北：五南图书出版公司，1992：433.

4. 国内关于教育公平研究成果

21世纪以来，平等主义（与突出教育加剧社会不公的精英主义相对，主张可通过教育资源的再分配，削除先天的不平等）逐渐成为主导。我国众多学者对教育公平这一概念从内涵、原则、功能等方面进行了多角度的审视与阐述。

石中英指出，教育公平的主要内涵是法律上，人人享受平等的教育权利；教育政策领域人人平等的享有公共教育资源；是教育活动中人人受到平等的教育对待，人人具有同等的取得毕业成就和就业前景的机会。① 学者郭元祥从范畴论的角度界定了“教育公平”的本质内涵。从范畴意义上看，教育公平是一个反映相对性的范畴，而不是反映绝对性或确定性的范畴，是反映教育质的范畴，而不是反映教育量的范畴。② 学者田正平、李江源提出了教育公平的两种类型的公平原则：一是“形式上的公平原则”，即“同样情况同等对待，不同情况不同对待”；二是“事实上的公平原则”，包括受教育权利的保证原则、机会平等的事前原则、按照能力进行分配的事后原则、满足社会不利地位群体利益的补偿原则。③

学界普遍认为教育公平涵括教育机会平等原则、能力差异原则、弱势补偿原则。④ 三个原则相互联系，不可分割。

机会平等原则实质上就是受教育权利平等的保证，强调教育的起点平等（也称为入学机会平等）和过程平等（或存留平等），机会平等原则又包含国家保障个体基本受教育权利的社会机会平等与因个体的家庭、能力等先天因素影响受教育质量导致的非社会机会平等。

---

① 石中英.教育公平的主要内涵与社会意义[J].中国教育学刊，2008（3）：1–6，27.

② 郭元祥.对教育公平问题的理论思考[J].教育研究，2000（3）：21–24，47.

③ 田正平，李江源.教育公平新论[J].清华大学教育研究，2002（1）：39–48.

④ 张晖.教育公平理论以及在我国的实践[D].济南：山东大学，2006：11–12.
褚宏启.关于教育公平的几个基本理论问题[J].中国教育学刊，2006（12）：1–4.

能力差异原则指的是政府要正视个体接受基本教育时的主体差异，根据个人的禀赋、能力、兴趣、需要，发展多样化教育，并保障其能够得到最适合自己发展的教育，即因材施教，不盲目追求同质性教育。当然不应因噎废食，过多地关注差异导致基础教育质量下降。可以说，能力差异原则为教育公平开拓了更广阔的空间。

弱势补偿原则由罗尔斯提出，他指出国家要照顾社会经济地位不利者的最大利益，在分配教育资源时主导向弱势的一方倾斜，使处于不利社会地位的阶层群体通过一定的补助、扶持来获得所需的教育资源。当然，“如果群体之间的差别不断降低或减小，那么补偿的力度也就随之发生改变”[①]。

机会平等原则是前提，是实行能力差异和弱势补偿原则的基础，能力差异原则是事中原则，是机会平等与弱势补偿后的正义保障，而弱势补偿原则是机会平等的补充，是公平的人道性体现。总之，三种原则互适互促，不可偏废。

综上，在平等主义的前提下，教育公平是对教育资源供求、分配、利用的主观认知和评判，是一个相对的反映质的范畴，既包括教育起点平等、教育过程平等、教育结果平等，也包括对弱势群体补偿性的特殊关怀。教育起点平等是指不论出身，每个人都有平等的受教育的权利，表现为参加各种教育活动、使用教育设施、获得学业学历证书等。教育过程平等是起点平等的延伸，主要包括受教育的年限、内容、硬件设施和师资水平的公平投入以及会对学生的学业成就产生影响的教师对学生的态度、教育信念等。教育结果平等是指每一个学生在经过一段时间的受教育之后，能获得同样有用的知识，提高自身的能力和道德水平，达到培养目标的要

① 周谨平.基于机会平等的分配正义[J].伦理学研究，2011（2）：54–59.

求，使其自身个性得到充分发展，潜能得到充分的发挥[①]。

三、启发借鉴

作为一个多民族国家，民族教育是我国教育事业的一个重要组成部分。从教育公平维度考虑，民族教育是社会正义在教育领域的体现和延伸，民族教育的发展快慢关系到教育公平的实现程度，社会中教育公平的推进也必然离不开民族教育品质的提升。众多影响民族教育的因素中，教师起着不可替代的关键性作用。然而，民族地区由于地理位置较为闭塞、经济状况较为落后，先天环境的不足和后天发展的不充分迫使教师在开展自身的教育教学活动和学术交流活动时总面临着层层阻挠，除此以外，由于地缘、亲缘、学缘的关系，民族地区的教师社交圈子较小，使身处民族地区的教师常常处于一个不利的竞争地位，故为了维护教育公平和少数民族地区的文化传承，师资保障问题迫在眉睫。教育公平理论规定着各项教育资源在社会群体中的合理分配的方法、原则、特点，这些思想观点和基本追求，对义务教育均衡背景下民族地区师资保障的研究提供了很好的理论支撑，对这一问题的改进具有积极的借鉴意义。

（一）秉持平等主义，优先发展教育事业

平等主义认为教育可以促进社会资源的再分配，推动建立社会公平。“百年大计，教育为本”，无论是亚当·斯密的人力资本还是涂尔干的社会化理论，教育作为社会的一个子系统，毋庸置疑地对社会具有深刻的影响，而且随着时代的推移，教育的正向作用愈发凸显。故此，国家和政府应始终将教育放在优先发展的地位，加大对教育资源的投资与培养，坚持

① 徐华.我国教育公平的现状及其对策[J].陕西师范大学学报（哲学社会科学版），2001，30：155–157.

实施“人才强国”战略，只有这样，民族教育诸如师资保障这类问题才能得以聚焦、分析乃至最终解决。

（二）坚持教育起点平等，大力发展民族教育

教育起点平等即保障群体拥有相同的受教育权利，在我国这一要求体现在保障义务教育阶段的顺利实施。然而，少数民族由于自然和历史条件等原因，与汉族在经济、政治、文化、教育各方面有着客观差距，导致少数民族中的适龄青少年因没学上、没老师教而失学、辍学的现象时有发生，失去了接受正规学校教育的机会。为了让这种令人痛心的现象不再发生，民族教育资源的保障势在必行，这就需要国家层面必须要对民族教育这一领域的种种问题加大关注度，进行有效治理，其中亟需解决的是师资保障问题，应努力加大对民族地区的教育经费投入力度，改善民族教师待遇，提高民族教师的地位。除此以外，还可以提高教师自身的民族性，培训具有一定文化认知与教育教学能力的特色教师，建立一体化的民族教师培训机制。

（三）坚持教育过程平等，政府保障师资队伍的稳定

教育过程平等是一项事中要求，指的是在受教育的微观层面，通过硬件设备和软件资源合理平等的投放与安排保证学生受教育的公平。民族地区的教师队伍作为促进地区教育公平的前提，却常常因民族地区恶劣的自然条件和较小的发展空间造成师资流失，使仅有的教师队伍变得更加紧缺，难以保障教育的内部平等。基于此种情形，我国学者师东海提出，为保证基本的教学质量，应当在师资配备上体现一致性，即对师资要求提出国家统一的数量配备师生比，以及统一的教师资格水平标准，并采取措施逐步实现地区之间和校际之间师资水平的大致相当。[①] 也就是说，政府层

① 师东海.教育公平的政治学思考[D].长春：吉林大学，2011：185.

面必须发力，通过经济、政治、文化多个途径提升教师福利待遇、社会地位与职业幸福感，最终使众多优秀的人才扎根广阔的民族地区任教。如增加教师编制、提高教师福利待遇等。

（四）坚持教育机会平等，大力培养优秀教师队伍

由于非社会机会平等的难以保证性，此处提到的机会平等主要指社会机会平等，即一切学生在受教育机会面前都是公正平等的，在教师领域主要包含教师的专业素质、教育信念、师生观等。师资力量作为民族地区学生所接受义务教育权利的落实关键，故对民族地区教师各项基本素质的培养是促进教育公平的题中应有之义，即优先发展师范教育，从入口上保障民族地区教师的质量。民族地区师资的“质”既包括常规意义上对教师的要求——专业知识、专业技能、专业情意，也包括要实现教师的本土化，符合并适应当地的文化、习俗与语言，打造一支优秀的民族教师队伍。上述两种要求都是师范教育培养方案应着重体现的原则，只有这样，才能在起始阶段保障民族教师的适应能力和教学水平。

（五）践行补偿原则，提高教师多元文化教育水平

仅仅考虑机会均等，忽视事实上的差距，对于全民教育的实现以及教育公平的推动是极其不利的。补偿原则是为了让最少受益者获得最大的优惠，实施的主体为政府。民族地区处于国家欠发达地区，缺乏地理优势，教育事业一直落后于全国的平均水平。故为了弥补并拉平这种教育差距，维护教育公平，国家和地方政府应在充分考虑民族地区的地理环境、文化传统、语言背景等方面的具体情况之下出台一些少数民族优惠政策，对民族地区本就薄弱的师资予以一定的补偿，具体体现在分配和管理两个方面。教师短缺和理科教师严重短缺一直是少数民族地区的问题所在，故分配时，应注意调节少数民族地区的师资数量和结构，保障基本教育质量的同时促进义务教育的均衡化；管理上，政府及有关部门应着力关注民族地区的师资，给予其一定的物质补偿和精神鼓励，并辅以必要的教师培训。民族地区的教师迫于物质、文化、社会资本的缺失，出现了自身的教学能力与技能、教育视野停滞或下降的现象，故应定时组织教师交流、学习，例如发展民族特色教育与远程教育，使其树立起自我教育和终身教育理念，以教师的成长带动学生的成长，保障民族教育质量。

总之，义务教育作为一种全民教育，也是一项重要的公共产品，具有普及性、全面性，是促进教育公平最直接的环节，教育公平也是义务教育普及化、均衡化的一个重要理念基础。教育公平的实现与教育资源的获得联系在一起，首先，教育公平体系的健全与优化有利于民族教育师资资源的补给和民族教育质量的提高。其次，解决民族地区的师资保障问题不仅能够推动民族教育的可持续发展和少数民族文化的源远流长，更是通向教育公平与社会和谐的必经之路。最后，“本体性因素的公平为事实的公平提供了前提或奠定了基础，本体性因素不公平，就不可能有真正的普遍的教育公平”①。师资分配与保障作为制约教育公平的本体性因素之一，所以必须予以高度重视。然而，正如上文提到教育公平理论涵盖了教育起点公平、教育过程公平、教育结果公平的内容，平等、差异、补偿的原则，是一个跨学科的、复杂丰富的体系。教育公平不是一个单向行为，而是社会生命自组织结构齐力的多向行为，教育公平需要多方的会谈、对话，最终才能达成共识。故此，在义务教育均衡发展背景下，只有从国家到地区贯彻落实相关政策法规，从源头上、过程中、结果上共同发力，才能真正改善民族地区教育的发展状况，才有机会实现相对的教育公平。

---

① 肖建彬.论教育公平研究中的若干理论问题[J].西北师大学报（社会科学版），2003，40（3）：29–33.

第二节　多元文化教育理论

文化与教育息息相关。抛开文化，无法理解教育，抛开了教育，文化也就失去了发展的根基。文化与教育的这种密不可分的“亲缘”关系，使得文化的深刻嬗变都会在一定程度上引发教育上的震动与变革。[①] 而随着全球一体化进程的加快，信息时代的来临，文化交流的日益频繁,日益呈现出文化多元化的繁荣态势,多元文化的交流、发展既给教育理论研究的发展提供了难得的机遇,也使其面临着诸多严峻的挑战。实施多元文化教育是传承与发展中华民族优秀传统文化的重要途径。百年大计，教育为本；教育大计，教师为本。教师作为教学活动的组织者和策划者，对学校教育质量的提升，乃至民族地区经济文化的繁荣发展具有举足轻重的作用。在多元文化教育理论下，探讨民族地区师资队伍保障措施，对于发展民族教育、传承民族文化方面有重要的理论意义和现实价值。鉴于此，本研究基于多元文化教育理论，系统、全面地分析当前民族地区师资保障存在的问题及其原因，在此基础上，提出了进一步优化的策略。

① 郑金洲.多元文化教育[M].天津：天津教育出版社.2004：1.

一、思想渊源

（一）思想的产生

随着全球化日益推进，世界各国各民族的交流与合作已成为不可避免的趋势，而只有在尊重彼此文化的前提下，双方才能顺利进行交流与合作。因此，多元文化教育的理念与实施就显得尤为重要。多元文化教育面临的政治诉求、文化理想、价值取向与美国社会的政治、经济和社会发展是一致的。而多元文化这一术语，在西方20世纪20年代就已经出现，但它作为一种思潮引起人们的关注，还是20世纪五六十年代以后的事情。① 世界各国兴起的多元文化教育思潮以美国为典型代表。美国多元文化教育理论渊源可追溯到美国的“盎格鲁-萨克逊化”阶段与“大熔炉”阶段。随着“民权运动”的爆发，多元文化教育便应运而生。与此同时，这时期盛行的后现代主义对于多元文化教育理论的形成也起到了重要作用。

1. 从文化同化到文化融合再到多元主义

美国作为一个移民大国，生活着来自不同文化背景下的族群，而各族群之间和谐共处显然成为国家和平发展的关键问题。美国社会学家戈登在20世纪60年代，提出了族群关系的三个阶段理论:（1）20世纪初，实行“盎格鲁-萨克逊化”阶段。（2）20世纪60年代，实行“大熔炉”教育政策阶段。（3）“多元文化主义”阶段。② 第一阶段主要围绕美国联邦政府制定的民族同化政策“盎格鲁-萨克逊化”展开，即各少数民族和外来移民都接受美国联邦政府所决定的文化形式，从而突出文化群体中美国的主导作用。第二阶段把美国看作文化“大熔炉”，即不同种族移民的文化

---

① 郑金洲.多元文化教育[M].天津：天津教育出版社.2004：1.

② 万明钢.从“差异”走向“承认”的多元文化教育[J].教育研究，2008（11）：87-92，97.

像原料一样在熔炉中不断融合和改造，从而融合成为一种新的文化。[①] 相比于第一阶段，它更强调各民族之间的融合。第三阶段强调“多元文化主义”，它源于20世纪60年代反对种族歧视、追求各民族平等的民权运动，具体表现为美国黑人力求争取与白人同样的政治权利，要求在教育过程中反映各族群的文化与价值。后来随着妇女意识的觉醒，妇女运动席卷而来，女性要求在就业过程中受到平等待遇，并且要求改变女性在教材中的刻板印象。

2. 后现代主义思潮的影响

多元文化思潮以20世纪60年代的美国黑人民权运动为契机登上历史舞台，作为一种以追求多元种族、民族与文化群体均应共同享有平等权利为宗旨的思潮在美国社会蔚然成风[②] 主张“去中心”，提倡“差异”，即反对同一性，最终目的是创建一个多元的政治经济文化体制。鉴于此，法国当代著名思想家利奥塔德在其《后现代状况》中曾写道：“让我们向同一整体宣战，让我们持续开发各种差异，并为维护差异性的声誉而努力。”[③] 多元文化思潮以20世纪60年代的美国黑人民权运动为契机登上历史舞台，作为一种以追求多元种族、民族与文化群体均应共同享有平等权利为宗旨的思潮在美国社会蔚然成风[④]，所以，在实行多元文化教育时，可用后现代主义思想去引领我们的步伐。有些后现代主义者也提出了自己的观点，如利奥塔提出“多元公正”，吉鲁提出“批判教育学”，这些观

---

① 胡玉萍.美国多元文化教育的理论渊源及其启示[J].新疆社会科学，2015（5）：103-107.

② 滕志妍.理想与困境：对美国多元文化教育的再认与反思[J].西北师大学报（社会科学版），2008（5）：95-100.

③ 崔少元.后现代主义·多元文化·中国新儒学热[J].中国文化研究，2000（3）：29-32，3.

④ 滕志妍.理想与困境：对美国多元文化教育的再认与反思[J].西北师大学报（社会科学版），2008，45（5）：95-100.

点对于多元文化的发展也做出不可磨灭的贡献。

（二）思想的发展

1. 20 世纪 60—70 年代——民权运动背景下多元文化教育的发展

这一时期发生了反对种族隔离与歧视的“公民权利运动”，其目的在于建立一个平等、自由、和谐发展的社会。民权运动源于黑人对美国实行单一准则的教育感到不满，认为在各方面都受到了不公平待遇，如“师生具有不同的种族、文化、语言背景，这给课堂教学、师生关系等方面带来了一系列问题。更糟糕的是，许多来自白人中产阶层的教师甚至把学生文化的多样性看作是需要克服的缺陷”①。多年的积怨终于爆发在民权运动上，这便为多元文化教育的出现提供了条件和基础。这个阶段主要目标为消除种族歧视，实现受教育机会平等。到了20世纪70年代，族群研究从单一的族裔研究发展成多族裔研究，并且在历史、文化及课程方面都表现出综合性的内容。因此，越来越多的群体要求学校能够体现更多各民族不同的文化，这也使得教育改革从关注少数民族群体逐渐转变为关注多元文化大群体。

2. 20 世纪 80 年代——多元文化教育理论发展阶段

这一时期多元文化教育的发展有3个促进因素，即民权运动的新进展、学校教科书受到广泛的批评、教育领域对多元文化主义表现出的积极主动性。② 这是多元文化教育理论的成熟期，相继出现了班克斯、格兰特等优秀的多元文化教育研究者，他们都对多元文化教育的发展做出了极大贡献。与此同时，关于多元文化教育的文章与专著也相继问世，研究的数

---

① Gay. G.& Howard. Multicultural Teacher Education for The 21st Century[J].The Teacher Educator，2000，36（1）：1-16.

② 王鉴.多元文化教育：西方民族教育的实践及其启示[J].民族教育研究，2003，14（6）：5-12.

量不断增多，研究的态势不断增强。

3. 20 世纪 90 年代——多元文化教育理论联系实际阶段

詹姆斯·林奇认为，多元文化教育发展的最高发展阶段是全球教育。[①] 20世纪80年代的多元文化教育大多处于理论阶段，20世纪90年代后，研究不再局限于纯理论阶段，而是试图把这些理论付诸实践。随之便出现了各方面的实践检验，比如在学校进行个案与实验研究。同时，多元文化教育制度化的过程也已延伸到课程设计、教学策略与方法、学校环境、教师培养、学生学习风格等教育的各个领域。[②]

4. 21 世纪——多元文化教育走向全球化阶段

这个时期的多元文化教育不仅承认各种文化的存在价值及其相互间的平等、独立的关系，更强调世界文化格局下不同文化间的交流、沟通与理解，旨在建立一种共生共荣的世界文化格局。[③] 最为突出的成就是多元文化登上了国际的舞台，而且多元文化教育理论在各国的传播中确实也取得了较大成就。

二、基本内容

多元文化教育历经几十年发展，从黑人公民追求公平与自由的目标向实现各民族大团结的目标转变，在此期间许多研究者提出的思想观点都对它的发展起到关键性作用，如詹姆斯·A.班克斯（James A.Banks）、詹姆斯·林奇（James Lynch）、盖伊（Genera Gay）、费孝通等学者。

① 杨渊.西方多元文化教育理论发展之历时研究[J].国外理论动态，2010（9）：77-81.

② 王鉴.国外多元文化教育比较研究的新进展[J].外国教育研究，2004（3）：47-50.

③ 徐莉，何茜.全球化背景下多元文化教育的发展走向[J].比较教育研究，2005，26（12）：42-46.

（一）詹姆斯·A.班克斯（James A.Banks）的多元文化教育理论

美国著名学者詹姆斯·A.班克斯（James A.Banks）从20世纪80年代开始发表关于多元文化教育理论的专著与论文，在他的论著中对于多元文化教育理论做了明确的界定与理解。他认为多元文化包括三方面的事情：1.多元文化教育是一种思想或概念；2.多元文化教育是一场教育改革运动；3.多元文化教育是一个持续的教育过程[①]。首先，多元文化是一种思想，指所有的学生，不管种族、性别、文化、宗教与信仰如何，都可享受教育平等的机会。其次，教育改革运动实际是指学校教育层面的改革，即在学校进行的不同层次的教育与教学改革，如在教学准入方面，不论种族、性别、信仰、阶层是什么，要全面保障每位孩子都能接受平等教育的权利；在学校课程方面的改革，课程内容中体现多民族文化，能让学生学到各民族的文化精髓；在教育观方面，教师要持有准确的教育观念，对各民族文化都持有积极的、肯定的态度。最后，把多元文化看作一个历程明确的持续教育过程，表明实现民族大团结不是一蹴而就的事，它需要一段漫长的时间去实施、检验、适应并完善。

班克斯多元文化教师教育对于培养未来优秀的多元文化教师具有宝贵的借鉴意义，具体内容如下：1.整合课程内容。2.尊重知识建构。3.减少文化偏见。4.体现教育平等。5.建设富有活力的校园文化和社会建构。[②]课程整合方面，要求把各民族优秀的文化精髓纳入课程内容，让学生能有充分的资源去学习和了解。建构知识方面，提倡在培养未来教师时，要充分考虑到学生已有的知识经验，合理建构各民族思考框架。文化偏见减少方面，教师要帮助学生形成尊重各民族文化的习惯与意识，学会相互理

① 何飞雁.多元文化教育中国本土化历程中呈现的问题及反思[J].教育评论，2015（12）：7-9，18.

② 王鉴，万明钢.多元文化教育比较研究[M].北京：民族出版社，2006.

解，相互包容，避免出现偏见和歧视。体现教育平等方面，教师要做到教育面前人人平等，不分种族、阶级、文化、信仰，每个人都有平等的受教育权。建设富有活力的校园文化和社会建构方面，教师要牢记，在教授各民族优秀传统文化时不能限于理论，要充分利用学生与日常生活的联系，吸引他们的目光，激发他们的兴趣，使其自愿去学习、去融入。班克斯在多元文化教育课程设计中提出了最具代表性的四种模式：贡献模式 、民族添加模式、转换模式与社会行动模式①，这四种模式在多元文化课程的研究与产生过程中有重要作用。

（二）詹姆斯·林奇（James Lynch）的多元文化教育理论

英国学者詹姆斯·林奇认为："多元文化教育就是在多民族的社会中，为满足各少数民族群体或个体在文化、意识、自我评价方面的需要而进行的一场教育改革运动，其目的是帮助所有不同文化的民族群体学会如何在多元文化社会中积极和谐地生活，保持群体间教育成就的均衡，以及在考虑各民族差异的基础上促进相互尊重和宽容。"② 他指出，多元文化教育有三个目标：1.积极地发展文化的多样性；2.维护社会的平等与团结；3.实现人类公正。③ 这表明多元文化教育要全面发展文化的多样性，使各民族优秀传统文化都能在社会中获得尊重，以期实现各民族团结进步，共同发展。他与贝克在《全球社会中的多元文化教育》一书中指出学校不应只教学生理论知识，还要结合实践教学。而且坚决避免民族中心主义，时刻秉承各民族相互平等，和谐相处，最终实现大团结。

詹姆斯·林奇是第一个提出"多元文化教育全球化理论"的人，他认

① 苏德.少数民族多元文化教育的内容及其课程建构[J].中央民族大学学报（哲学社会科学版），2008（1）：88–94.

② 哈经雄，滕星主编.民族教育学通论 [M] .北京：教育科学出版社，2001：576.

③ 杨渊.西方多元文化教育理论发展之历时研究[J].国外理论动态，2010（9）：77–81.

为多元文化教育发展的最高阶段是全球教育。他对公民教育的重新认识，引起了很多学者对发展中国家的公民教育的高度关注。他认为公民教育不能仅培养具有国家意识的公民，更要把握全球化的潮流，培养具有全球意识的“地球村村民”，这对国家经济、文化传播与交流、民事的权利和社会责任等方面都会产生极大的积极影响。最好的社会理应践行民主理念，实现此目标的途径之一就是实行多元文化教育，因此，我们要充分尊重文化的差异性，在文化平等的基础上实现各民族和谐共处。① 他还明确提出：我们的最高目标必须是造就能够尊重他人的自由个体，此个体必须能够做到可以批判反省自己，可以明白个体行动背后的主要推力，考验其互利共生性，接受适合自己且公正的事务和对别人也要适当公正的观念，进而去考验符合尊重他人这一基本思想；而对于学校和教育者而言，他们的任务是帮助学生摒弃传统的民族或种族歧视观念，获得合理的平等观念。②

（三）盖伊（Genera Gay）的多元文化教育理论

美国多元文化教育家华盛顿大学教授盖伊认为：多元文化教育是面对少数民族的教育，是对来自不同族群人民的一套教育理念；多元文化教育就是一组课程，类似于音乐课、美术课，有专门的教师在不同的班级循环授课。③ 她非常关注多元文化教育理论在现实中实施的可行性问题，即理论与现实的差距问题该如何解决。她在文化回应教学中提出，对于弱势群体学生来说，文化断层是一个尤为重要的问题，教师在课堂中应该以学生的母语为桥梁，去教授他们各种知识，并且要给予他们很高的期望，这样能够使弱势群体学生增强自信心，提高他们的民族认同感。

---

① 廖明艳.詹姆斯·林奇多元文化教育思想及评析[J].教育与教学研究，2016，30（4）：25–30.

② James Lynch.Prejudice Reduction and the Schools[M].New York：Nichols Publishing Company，1987.

③ 杨渊.西方多元文化教育理论发展之历时研究[J].国外理论动态，2010（9）：77–81.

盖伊结合“多元文化基本技巧理论”来设计多元文化课程。他从课程内容的观点提出多元文化课程设计的四种模式：基本能力模式、概念模式、主题模式、文化要素模式①。具体内容包括：1.基本能力模式，指出多元文化课程除了让学生掌握教育的基本读、写、算及思考的能力外，也要培养学生的族群素养、社会行动与适应能力等，将族群文化内容融入到学生基本能力的学习中能够提升学生的学习动机。2.概念模式，指以概念学习为多元文化课程的主要目的。课程主要模式是学习与族群文化相关的概念。3.主题模式：强调族群共同面临的问题，例如族群认同、种族歧视、追求自由等。课程设计主要强调从不同族群的经验出发去探讨大众所关注的问题。4.文化要素模式：强调某一特定族群有别于其他族群的文化要素，比如，人际交往、行为方式、价值体系、发展历程等都可作为课程内容。

（四）费孝通的“中华民族多元一体格局”理论

费孝通先生1988年在“泰纳讲演”上提出了“中华民族多元一体格局”的思想，得到了大家的高度认可与评价。费先生认为这一理论有如下基本特征：1.“中华民族多元一体格局存在着一个凝聚的核心”；2.少数民族聚居地区占全国面积的一半以上；3.从语言上讲，除了个别少数民族，如回族、满族，已经用汉语作为自己民族的共同语言外，少数民族可以说都有自己的语言；4.导致民族融合的具体条件是复杂的；5.组成中华民族的成员是众多的，所以说它是个多元的结构；6.中华民族成为一体的过程是逐步完成的。②他明确指出我国实行多元文化教育有一个凝聚的核心，即汉族，但少数民族仍是不可缺少的重要组成部分。少数民族占据着我国广大的面积，他们有着各自的语言、各自的文化，传承着民族的精神和文明。所以在构建中华民族多元一体格局的过程中，我们要把握汉族的核心

① 朱姝.盖伊（Geneva Gay）的多元文化教育观点综述[J].高教学刊，2016（8）：16-17.

② 何喜刚，王鉴.如何理解中华民族多元一体教育[J].民族教育研究，1999（3）：3-7.

地位，抓牢各民族的核心力量，使中国人民凝聚成一条心，一步步实现大团结的梦想。

在“中华民族多元一体格局”理论的基础上，中国特色多元文化教育的含义包括三个方面：1.中国传统的多元一体教育；2.中华民族自觉的多元一体教育；3.新形势下的中华民族多元一体教育。① “中华民族多元一体格局”的形成过程“主流是由许许多多分散存在的民族单位，经过接触、混杂 、联结和融合，同时也有分裂和消亡，形成一个你来我去、我来你去、我中有你、你中有我，而又各具个性的多元统一体”② 。正如费先生提到的那样，“各美其美，美人之美，美美与共，天下大同”，发扬各民族优秀传统文化，构建中华民族美丽花环，展现中华民族团结友善、合作共赢的美好画面。

总之，在多元文化教育盛行的时代，各国教育工作者都在不遗余力地进行着多元文化教育的研究，并在各方面都取得较大成就。当然，除了以上学者，还有很多对多元文化教育理论的发展做出过贡献的研究者，如美国学者高尼克（Golinick）、英国学者帕若克（Bhiku Parekh）、中国学者滕星等。他们都对多元文化的完善和进一步发展起到了重要作用，也更进一步加强了多元文化在全球范围的影响力。

三、启发借鉴

在“中华民族多元一体格局”下，为实现多元文化教育与学生全面和谐发展的现实要求，要加强对民族地区学校的各方面建设，如民族地区多

---

① 王鉴.多元文化教育：西方少数民族教育的实践及其启示[J].广西民族研究，2004（1）：112–117.

② 费孝通.中华民族的多元一体格局[J].北京大学学报（哲学社会科学版）.1989(4)：3–21.

元文化机制、民族地区学校办学理念、教师多元文化教育素养。这要求国家、学校及教师自身层面都需要正确地认识多元文化教育的重要性，以及民族地区师资建设的必要性。

（一）健全民族地区多元文化机制

在当前社会，国家的开放性和人民的流动性较强，文化的交流与碰撞日渐增多，这使得不同文化背景的人齐聚在一起，社会文化呈现一种多元的趋势。因此很多国家或地区把多元文化视为一项重要的教育政策加以实施。我国作为一个多民族国家，多元文化教育早已开始实施，如在少数民族地区实行双语教学、少数民族高考加分政策与推进教育均衡发展等，这些做法均含有多元文化教育的理念。但还是存在很多不足之处，如在少数民族地区师资保障方面国家还需加大关注度，结合我国国情与他国经验可得到以下几点借鉴：

调整教育经费制度。教育经费的缺乏受少数民族地区的地理位置、人口数量与经济因素的影响。首先，少数民族群众大多住在偏远欠发达地区，建设学校各种设备都需大量资金。其次，随着人口的日益增长，使每个孩子接受学校教育是一个关键性问题。最后，要保证学校各方面建设到位，如教学设备、实验室设备与图书馆设备等。

稳固师资队伍建设。教师方面的不足体现在教师数量上短缺、老龄化教师较多、教师的综合素质不佳等。对于这种现象，首先，国家应该在教师质量上把关，如强化招聘制度或加大教师培训力度，培养教师多元文化理念，使教师形成正确的文化体系结构，逐渐转变自身角色，从传师教道的角色转变为所有学生的关怀者、多元文化的传递者与本土知识的专家。[①] 在各方面要严格把握，力求提高教学的整体水平。其次，应提高教

① 章光洁.多元文化社会中的教师角色及其对教师教育的启示[J].西南师范大学学报（人文社会科学版），2002（6）：68-72.

师的薪资，除了基本工资还应给予其他津贴，这是吸引优秀教师并且留住优秀教师的有效途径。

加强相关政策的制定与实施。很多国家都把多元文化教育当作一个重要的教育政策加以实施，我国亦如此，作为一个多民族国家，在民族地区师资保障方面要遵循多元文化教育理论的指导，如在政策的制定方面可结合民族地区实际情况，在教师资格引入与录用，或专门针对多元文化教师的独立培养方面可采取相应措施。在已有政策的实施方面，应保证各民族学生接受同等教育，保证教育资源分配均衡，保证少数民族参政议政的权利，保证特殊群体教育的有效实施等，这些都需要国家政府各部门给予高度关注。

（二）树立民族地区学校办学理念

学校是培养各方面人才的地方，对不同人才的培养，学校应结合实情改变办学模式、办学理念与办学实践去适应教师与学生的共同发展。在民族地区，教师如何用多元文化理念去培养少数民族人才骨干成了当下民族教育的重点问题。现今，各民族文化都在不断交往交流交融，使得人们有更多机会去打开自己的视野，接触更多新鲜事物，而这种接触的主要场所之一是学校。学校应采取何种措施发展多元文化教育，传承民族传统文化，铸牢中华民族共同体意识成了尤为关键的问题。根据以往研究的发现与梳理可以得出以下改善措施：

民族地区学校应该编写较全面反映各民族传统文化的教材。在课程中纳入丰富的多元文化教育内容，在课堂外营造多元文化氛围，激起学生的学习动机，提高学生的学习效率。如美国联邦政府指出：“要注重在课程中反映少数民族的贡献、历史、文化等，许多大学的教育学院和教育系都开设了多元文化教育课程。”① 后现代主义课程观也强调关注教育情境，认为教师应承认并尊重价值观的多元化，不能以单一文化组织课程，应提倡灵活性和开放性。②

学校应该致力于培养学生的多元文化素养。尤其是在对于师范生的培养上，更要强调多元文化意识的感染力。学习多元文化理念培养出来的师范生应摒弃狭隘的民族本位论，了解并尊重各民族文化，公平地对待每位学生，让教学既有趣又有效，这有利于未来民族地区学校在师资数量、质量和结构上更趋于合理，更能适应未来的教育发展趋向。

免费师范生是教育部直属的六所学校免费培养定向教师的一个倾斜政策，从免费师范生的性质来看，学校方面，可以针对不同少数民族地区的免费师范生开设专门的多元文化课程，以便在未来工作中能够适应民族地区教育的需求。③ 此类课程可与教育活动相辅相成，可借鉴国外实行多元文化课程实施的成功案例与反面教训，结合自身国情制定合理的教学活动。

（三）加强教师多元文化教育素养

随着教育情景日益多元化，教师具备多元文化教育理念已成为不可避免的趋势所在。作为多元文化教育实行的重要角色，教师应该构建和谐的教学生态，实现课程的多元和谐、促进学生和谐发展。面对各种文化背景的学生教师应怎样审视并作出文化选择，应怎样择优，怎样整合，使得其能够适应不同民族文化背景成为教师面临的重大问题。而这些问题都离不开教师自身的文化体系的构建，更离不开多元文化理念的培养。归根结

① 王守纪，杨兆山．后现代主义视域下多元文化教育的特征、实质及问题[J]．东北师大学报（哲学社会科学版），2009（6）：192–197.

② 赵鼎洲，樊丽沙．多元文化教育视角下教师文化的建构[J]．现代教育论丛，2018（6）：65–70.

③ 谢晓文．民族地区基础教育师资配置民族化问题研究[D]．重庆：西南大学，2012.

底，教师最重要的是具备不同文化的知识与素养，并且处理好各民族文化之间的关系，即具备多元文化教育素养，具体表现为：

1.多元文化教师教育观念上：教师应尊重并理解各种文化，要学会倾听不同文化的声音，了解不同文化群体的内在需要，并且采取有效措施去培养他们的成就动机。

2.多元文化教师教育知识上：美国学者班克斯认为，多元文化背景中的教师要兼具四种知识：有关多元文化教育的重要范例；有关多元文化教育的重要概念；主要族群的历史文化知识；教学方法的知识，① 即多元文化教师应在了解不同文化背景学生的基础上，采用适当的方法，将理论与实践相结合进行教学。作为一个多元文化教师，面对不同文化背景的学生，需具备文化敏感性，要时刻关注学生的文化差异，针对不同差异采取可接受的方式进行教学活动，激起学生们的学习兴趣。在教学过程中应加强师生和生生互动，努力营造一种自由与平等的学习环境，这有利于教学质量的提高，并能促进各民族同学之间的团结合作。

3.多元文化教师教育行为上："对教师而言，多元文化教育不只是向学生传授有关多元文化的知识和价值观，它对教师本身的教育行为也提出了要求 —— 在教育过程中对每个学习者有相同的期望，这就要求教师在教育过程中把对学生的主观偏见和好恶悬置起来，不因学习者的民族、信仰、语言、家庭经济条件、外貌、性别等差异而区别对待，从而保证每个学习者在教育过程中有平等的受教育机会。" ② 教师在学生的教学中不是单一地灌输课程知识，而是要在学生现有的文化水平上，内化各种文化知识

① 陈雅，沈健，蔡建钢.论校园文化符号系统的建构与创新[J].高教探索，2007（6）：89–91.

② 约翰·迪利（John Deely）.符号学基础[M].张祖建，译.北京：中国人民大学出版社，2012：96.

使其自然地显现于外在的教育活动中。如可以举办具有民族特色的课外活动，让学生潜移默化地感受多元文化，并学会在认同自身文化的同时也尊重其他文化，互相学习，共同发展，实现各民族大团结。

第三节　教师专业发展理论

在义务教育优质、均衡发展背景下探讨民族地区中小学师资保障问题，必然离不开对民族地区中小学教师自身专业发展问题的探询。换言之，民族地区中小学教师的专业化已成为新时代提升民族地区教师队伍整体质量、推进教师教育改革发展乃至促进民族地区义务教育优质、均衡发展的的必由之路。当然，毋庸置疑的是，民族地区中小学教师的专业化进程必然要建立在一定的教师专业发展理论及其解释模型的基础之上，而不能脱离理论成为孤立性的“存在”。由此，为了更好地保障民族地区师资队伍建设的良性发展，促进民族地区义务教育质量的提升，需要我们对关乎民族地区中小学教师专业发展的相关理论进行整体性的反思与总结。

一、思想渊源

从历史习得的视角观之，教师专业化是一个历史发展的概念，要明晰富有现代化意义的教师专业发展的诸多理论，必须对教师专业发展所涵括的核心概念进行历史性的梳理与追索。通过梳理专业 — 专业化 — 教师专业化的发展历程来窥探教师专业发展理论的渊源，故此，在这一进程中，有三个关键概念需要加以澄清需要进行梳理与反思，即“专业化”“教师专业化”与“教师专业发展”。这些关键词涉及的问题为，何谓专业化？教师是一门专业化的职业么？教师如何发展专业化？

首先，关于“专业化”与“教师专业化”。“专业”一词最早由拉丁语演化而来，与之相对应的是“行业”，[①] 卡尔·桑德斯认为：“所谓专业是指一群人在从事一种需要专门技术的职业。专业是一种需要特殊智力来培养和完成的职业，其目的在于提供专门性的服务。”[②] 至于“专业化”，有学者认为，界定专业化必须具备一定的标准，即运用专门的知识和技能、强调服务的理念和职业伦理、经过长期的培养和训练、需要不断地进修学习、享有有效的专业自治、形成坚强的专业团体，[③] 才可以称之为专业化。因此，从专业的特征和标准来看教师的专业化及其专业化的发展可知，教师职业离成熟专业的标准还有一定的差距，教师职业是一个“形成中的专业”、教师专业发展是一个不断深化的过程。[④] 为此，关于教师专业化，这里首当其冲需要探讨的一个问题是，教师是一种专门化的职业么？这一问题的解决对我们更好地理解教师专业化大有裨益，陈桂生从“专业”一词的不同用法入手，认为教师专业化实际所指的是教师行业所称的“专门性质的职业”。从而同医生、律师之类职业的地位大致相当。这本是使教师行业成为“专门性质的职业”，把它称之为“专业”更为合适。[⑤] 就教师作为专业性职业的特质而言，叶澜早先认为，专业性职业至少有三个方面的规定。第一，作为专业的职业实践，必须有专业理论知识作依据，有

① 吴金辉.教师专业发展的理论与实践[M].北京：中国传媒大学出版社，2006：1.

② 转引自刘捷.专业化：挑战21世纪的教师[M].北京：教育科学出版社，2002：42.

③ 刘捷.专业化：挑战21世纪的教师[M].北京：教育科学出版社，2002：62-66.

④ 吴金辉.教师专业发展的理论与实践[M].北京：中国传媒大学出版社，2006：5.

⑤ 陈桂生.“教师专业化”面面观[J].全球教育展望，2017（1）：90-99.

专门的技能作保证；第二，作为专业的职业，承担着重要的社会责任；第三作为专业的职业，在本行业内具有专业性的自主权。[①] 同样，有的学者区分了专业化所涵括的两层含义，即侧重专业形成过程的涵义与侧重性质的涵义，而在相关研究中偏重专业地位获得过程的理念，将教师专业化定义为：教师在整个专业生涯中，依托专业组织，通过终身专业训练，习得教育专业知识技能，实施专业自主，表现专业道德，逐步提高自身从教素质，成为一个良好的教育专业工作者的成长过程。[②] 与此同时，有的学者依托现代化的方法，试图对教师专业化进行操作性的定义，并根据相关研究，将教师专业化分为四个维度，即教师专业化内涵包括专业组织、专业发现素质、专业角色和专业发展四个维度。[③] 当然，在对教师专业化进行界定、解读的过程已经暗含着要基于这样的事实，首先，大多数的研究者，已经在一定程度上承认并认可教师确然属于专业化的人员，并需要在不同的层面、采用不同的方法推动教师专业化的进展。其次，在关于教师专业化内涵的相关定义中，同样可以容易而清晰辨明的是，教师专业化一般强调的是教师群体，通过外在的制度体制以推动教师整个领域的专业化进程。

其次，关于教师专业发展。在教师发展主义思潮看来，欲在教师职业生涯的进程中促进教师专业发展，提升教师的专业化水平，需要首先探明何谓教师专业发展这一现实问题。从目前的相关研究来审视，关于教师专业发展的研究虽然在我国起步较晚，但是由于这一问题涉及整个教师教育改革乃至整个教育体制的变革与走向，所以相关研究相当丰富而又显博杂。不同的学者从个体与群体，理论和实践的双层次，社会学、教育学、

---

① 叶澜.新世纪教师专业素养初探[J].教育研究与实验，1998（1）：41-46.

② 刘捷.专业化：挑战21世纪的教师[M].北京：教育科学出版社，2002：42.

③ 熊华军，常亚楠.教师专业化内涵的质性研究[J].大学教育科学，2013（2）：60-67.

人类学等不同学科视角中试图对教师专业发展进行阐释。从个体角度看，教师专业发展被定义为："通过系统的努力来改变教师的专业实践、信念、以及对学校和学生的理解。"① 从群体的角度看，教师专业发展是指教师这个职业群体符合专业标准的程度，即职业专业化过程，② 也就是我们上面所阐述的关于教师专业化的相关概念。从理论层面来看，概括来说，人们认为在教师专业发展过程中，教师独自或者和他人一起检视、更新和拓展教学的道德目的；在与儿童、年轻人和同事共同度过的教学生活的每一阶段中，教师批判地学习和发展优质的专业思想、计划和实践必需的知识、技能和情感、智能。③ 从形式来看，教师专业发展不仅包括有意识地组织计划的各种活动，而且还包含所有自然的学习经验。④ 同时，很多学者由于站定的立场、学科背景以及体察视野的不同，形成了教师专业发展多元化的界定，使教师专业发展的界定外延逐渐扩展。例如，康永久基于专业教育学与深层教育学持续对立的观点，坚持把教育教学建立在深层教育学或学识与人格魅力的基础之上，⑤ 而不是像专业教育学那样将教育创新看成是专业教育者的理性成就，从而主张教师专业发展应该更加去关注教师专业发展中的个人品性或信仰的作用。再者，如姜添辉所指出的那样，在现实情境下，应试教育依然占据主流位置，教师专业发展的理念依然是工具理性占据主导，致使教师专业发展成为了提升教师教学技能的代名词。然而，从全球化的时代背景下观之，教师专业发展则应适时改变教师专业

① Griffin G.Introduction：the work of staffde develop men[G]//Griffin G.Staff Development：Eighty- second Yearbook of the National Society for the Study of Education.Chicago：The University of Chicago Press，1983：2.

② 朱旭东，周钧.教师专业发展研究述评[J].中国教育学刊，2007（1）：68-73.

③ Day C.Developing Teachers：The Challenges of Lifelong Learning[M].London：Falmer Press，1999：4.

④ 王晓莉.教师专业发展的内涵与历史发展[J].教育发展研究，2011（18）：38-47.

⑤ 康永久.深度定位的教师专业发展[J].教育研究与实验，2012（1）：1-9.

发展的属性，使之契合全球化经济体系的需求。因此，创新教学应成为教师专业发展的核心元素。①

最后，关于教师专业发展理论。虽然国内很早就有关于教师专业发展理论的研究，同时，学界也在较早的时间就已经意识到教师专业发展理论建构与完善的重要性，但是，由于诸多历史原因我国对于相关理论研究的反应相对迟缓。目前，更多的有关教师专业发展的理论仍然处于引介与摸索阶段。据此，在我国研究教师专业发展的价值取向与现实路径的基础之上，介绍与援引一些国外已有的且具代表性的理论框架以期与我国民族地区教师专业发展的实际相结合，一方面能够引起相关研究者的关注，另一方面可以借鉴其相关研究成功的经验以指导我国民族地区教师教学和教育实践。

二、基本内容

教师专业发展相较于师范教育注重职前教师培养工作而言更偏重于职后教师教育的发展。同时，教师专业发展的内涵更加强调教师自身内在的专业性的提升。因此，关于教师专业发展理论可以从横向的教师个体能力素养的发展与纵向的教师群体的专业生涯发展阶段的变迁两个维度加以把握。

首先，在纵向层次上，主要是关于教师专业生涯发展阶段的相关理论。例如，周期理论、阶段理论（心理发展阶段、社会化发展阶段、综合发展阶段）、循环论、实现论等从不同侧面向我们展示和分析了教师专业发展理论的具体内容与发展演变。我们仅从中择取能够在较具有综合性的

① 姜添辉.全球化时代教师专业发展的元素与实践[J].国家教育行政学院学报，2018（10）：59-65.

视域范围内窥探教师专业发展理论的教师专业发展的社会化理论来探讨教师专业发展理论的具体内容。因为教师专业发展的进路在一定意义上就是指教师专业社会化的进程。因此，从社会学的视角来看，教师专业化的发展是教师一个人的职业生涯的各个阶段所凝结而成的专业生活史，而使自身的专业逐步成为社会文化当中的一部分的演进过程。当然，教师专业发展的社会化理论的形成受到社会因素、家庭因素、个人因素以及个人与社会的互动过程的影响。例如个体的性格特征、社会的圈层结构等共同影响着教师专业社会化的历程。由此，从社会学中主要的代表流派所坚持的观点中建构起教师专业社会化理论就有了可能性。第一，从社会学中结构主义学派的看法来看，他们认为个人是社会结构中的一个组成部分，每个人都是这个社会结构中的一环，这一环与其他人彼此相连，关系密切，且同时存在于社会为个人所设置的社会角色的结构中。在这个结构中，个人处于一种被动的位置上，按照社会结构设定的规则实现个人角色所限定的任务。按照这一观点，教师个体的专业发展的社会化是指教师在学校体系中，为了达到教师专业组织的整体目标，通过学校组织和法令规定的奖惩制约以及与同辈群体之间的角色期望，了解自己在该体系中的身份地位，习得教育的专业知能，内化教师的团体规范，表现适当的角色行为的历程。[①] 第二，从冲突理论的视角来看，教师专业的社会化历程是基于教师在面对社会冲突的过程中不断调试自身以适应社会冲突的过程中对自身的专业性不断提升的过程。例如，职前教育中的师范生要面临的专业教师与同学之间的冲突该作何调整以适应自己作为一名群体中的师范生的身份。在职后的教师教育培训与提升的环节中，面对学校、校长的要求，同事之间的竞争性观念、学校制度与自身所产生的冲突该如何调解，而在调解的

① 刘捷.专业化：挑战21世纪的教师[M].北京：教育科学出版社，2002：119.

过程中使自己的专业各方面得以提升的过程亦是教师专业社会化的过程。此外，符号互动理论认为个人在社会中居于一种主动性的地位，教师专业社会化的过程主要是习得社会符号系统所代表的意义，从而在此基础上不断发展、完善自我的过程。

其次，在横向上主要是关于教师素养能力提升的相关理论。包括教师信念理论、感情理论、知识理论、能力理论、专长理论、学习理论、反思理论、合作理论、领导理论、倦怠理论等。教师教学信念研究近来备受关注，教师专业知识和能力理论是教师专业发展理论的核心内容。因此，就教师专业发展理论中的教师信念理论以及教师专业发展的知识与能力理论进行简要的介绍与分析。

第一，关于教师专业发展的信念理论研究。对于信念一词，早在古希腊时期就有了相关论述，最早提出信念这个概念的是柏拉图的《理想国》，多被认为是人们信以为真的理想追求。大部分研究教师信念的文献或多或少的都认同多年前心理学家Rocheaach关于信念的界定：信念就是“所有简单的，有意识或下意识的主张，信念通过个人的主张和言行表现出来”[①]。佩詹斯在1992年对已有的教师信念进行了详细的辨析区分，使人们对教师信念有了更清楚的认识，他指出，广义的教师信念是指教师对其教学历程中所接触的人、事、物的认识和看法。狭义上的教师信念指教师对其教学情境与教学历程中，对知识、教学工作、教师角色、课程、学生、学习等相关方面所持有的主体性的认识和观点，这些观点构成一个互相关联的系统，从而指引着教师的思考和行为。在佩詹斯看来，教师信念如果没有特指，就是指教师对“教学”的信念。Calderhead主要基于学科教学，提出了教师信念的五大领域。他指出，教师信念通常用来指教师的

---

① 吴薇.中荷研究型大学教师信念比较研究[M].广州：广东高等教育出版社，2012：19.

教学法信念，或者那些与个体教学相关的信念。他把教师信念归纳为五个领域：关于学习者和学习的信念，关于教学活动的信念，关于学科的信念，关于怎样教学的信念，关于自我和教师角色的信念。教师信念研究集中在横向研究与纵向研究两个层次上，教师信念的纵向研究主要分为中小学教师信念与大学教师信念的系统梳理与职前教师信念的研究与职后教师信念研究。与此同时，教师信念的横向研究主要是基于纵向研究的基础上，在具体的文化环境中展开相关研究。影响教师信念的因素，包括教师个人背景、教师对教学环境的看法、社会文化、教师所处的民族文化背景、区域背景、工作环境背景、个人经历等。

第二，关于教师专业发展的知识与能力理论研究。多年来，专业教师应该具备哪些教学知识和能力，或言之，什么样的教师才算是“好”教师，对于这一问题，很多专家学者都在持续不断地进行探讨。特别是20世纪80年代以来，随着世界教师教育研究的勃兴，教师专业发展理论的细化，关于教师知识与能力的相关理论研究也逐渐成为焦点问题。钟秉林主编的《教师专业发展理论》较为系统地介绍了国内外有关教师知识与教师能力的相关理论。该书呈现了几种比较有代表性的知识理论的分类，包括将知识的结构理论分为教师的内容知识理论、教师的教学法知识理论，国内的如林崇德从教师知识的功能性角度出发，把教师的知识结构分为本体性知识、文化知识、实践知识和条件性知识四部分。此外，还有一些专家学者根据不同的知识的教学价值取向，将教师的知识理论分为以学科取向的教师知识结构、以实践取向的教师知识结构，以及复合型取向的教师知识结构。此外根据知识在人际间的流动过程，很多学者较为系统地研究了知识的生成理论、知识形成的影响因素理论以及教师的知识转化理论。例如，张晓蕾认为教师应该从知识的消费者转化为知识的生产者，在行动中生成属于个体自己的正式知识和实践知识，从而决定使用什么样的学科理论知识或实践教学法知识，从而转化为自身、学校、社会和生活的理论。① 同时，有的学者系统地梳理了国外以舒尔曼为代表的教师知识理论的建构与发展过程。舒尔曼将教师的教学知识分为包括 PCK 在内的七个部分，② 在此影响下其后继者鲍尔团队详细研究、生成与建构了MKT 理论，认为教师的教学知识可以分为“学科内容知识”（SMK）和“教学内容知识”（PCK）两个部分，其中 SMK 包括“一般内容知识”（CCK）、“专门内容知识”（SCK）和“水平内容知识”（HCK），而PCK 包括“内容与学生知识”（KCS）、“内容与教学知识”（KCT）和“内容与课程知识”（KCC）。此外，关于教师能力的研究主要在两大视域中展开，包括能力种类视域下的教师能力理论与能力结构视域下的教师能力理论的相关研究。

三、启发借鉴

在义务教育均衡、优质发展的背景下，为了顺利推进民族地区中小学师资保障建设的发展实际，需要我们从诸多领域中借鉴相关有效经验，不可否认的是，民族地区中小学教师队伍的良性、均衡而有质量的发展必然离不开有关教师专业发展理论的指导。换言之，脱离了教师专业发展理论指导的师资队伍的教师专业发展建设将成为没有航标的“空帆船”。因此，必须从现有理论出发，探索出一条符合民族地区实际状况的中小学教师队伍建设与保障之路。从目前教师专业发展理论的勃兴与其内容的丰富程度

① 张晓蕾.分析、阐释和社会性理解——基于不同研究范式的教师知识研究[J].全球教育展望，2009（1）：82–87.

② Shulman L.S.Knowledge and Teaching：Foundations of the New Reform［J］.Harvard Educational Review，1987，57（1）：1–22.

上，可以为民族地区中小学师资保障的研究与发展提供诸多有益的启示。

首先，从纵向上的教师生涯发展阶段理论出发，可以倚赖教师生涯循环理论探讨民族地区中小学师资队伍在各个发展阶段的现实问题及其相关对策的完善。教师生涯的循环理论将教师生涯发展分为8个阶段，每个阶段有特定的成长需求，并针对这一需求制定了相应的激励方式和不同的支持系统，以促进教师生涯不断发展。[①] 也即，教师在职前期、职业初期、能力建构期、热情与成长期、职业挫折期、职业稳定期、职业消退期、职业离岗期8个职业生涯期间内都面临着不同的现实问题、教师体现出不同的特征、具有不同的成长需求。因此启发我们在师资保障问题的研究中，要将中小学教师进行职业生涯的分段、依据职业生涯分段过程中所表现出的特征以及不同的需求，“分而治之”，采取不同的激励措施与支持保障系统进行处理，绝不能在研究中搞“一刀切”，或者“大而化之”，对民族地区师资保障问题笼统地看待。具体到民族地区的师资队伍保障研究中，应对具体民族地区的教师按照年龄或者教师成长阶段进行“有区分”“有重点”的研究。

其次，从横向层次中的教师专业发展社会化理论来看，教师专业化的发展是教师一个人的职业生涯的各个阶段所凝结而成的专业生活史。确切地说，所谓教师专业社会化，是指个体成为教学专业的成员，并逐步在教学上担当起成熟角色，通常是获得较高专业地位的变化过程。[②] 按照教师专业社会化发展理论的观点，教师总是会有选择地获得或者加入与自己的价值观念、兴趣爱好有相同、相近的集团、群体、亚社会文化之中，并受到所属周围社会文化的影响。因此，有学者强调教师专业发展必须依循具体的社会环境，建构起符合教师专业发展规律的生态化培养模式，具体策

① 朱旭东，周钧.教师专业发展研究述评[J].中国教育学刊，2007（1）：68-73.

② 吴金辉.教师专业发展的理论与实践[M].北京：中国传媒大学出版社，2006：5.

略包括：关注自我意象、反思教学实践、营造教师文化、形成教学共同体、整合各种资源、实行多维评价等等。[①] 不可否认的是，由于民族地区历史和地理位置的限制等因素，中小学教师专业发展困难重重，但是正所谓“一方水土养一方人”，民族地区的教师专业发展需要借助于地区资源，积极加以整合和利用，绝不能“等”和“靠”外部支持，而要积极寻求与外部社会的合作，例如，有的学者探讨共建联系校，通过合作研究实现教师专业发展。在联系校的实践研究中，摸索出以三方合作研究的实践模式、周期循环递进的建设方式、学校领导组织的深度变革和强化指导的督导评估机制为切入点的建设路径，形成三方合作的工作机制。[②] 具体到民族地区教师信念的研究中，需要结合当地的地方性知识与实际情况，以及教学环境、教学语言的特殊性等因素进行细致考量，以探查出民族地区教师信念的基本结构，发现其教学信念的普遍性和特殊性，为了解民族地区的教师提供有效借鉴，亦是我们掌握教师教学信念理论的目的性所在。

再次，教师专业知识理论发展重视教师自身知识的生成与转化的研究。西方教学知识的结构理论认为教师的知识构成包括学科内容知识与教学方法的知识。例如，吉麦斯坦德和豪在内容知识、教学法知识和学科教学知识之外，还列出了教师应掌握的另一种知识——普通知识。[③] 而相关教师知识和能力发展理论的研究给予民族地区中小学教师师资保障问题的研究诸多启发和教诲。诸如，在一项民族地区教师专业化水平的调查中，民族地区学前和中小学教师虽然学历达标率较高，但高学历、低能力现象较为严重。在一项对甘肃省甘南藏族自治州和宁夏回族自治州的调查

① 任其平.论教师专业发展的生态化培养模式[J].教育研究，2010，31（8）：62-66.

② 李华君，龚彩云.民族地区农村教师专业发展路径探索[J].中国教育学刊，2011（9）：77-79.

③ 朱旭东，周钧.教师专业发展研究述评[J].中国教育学刊，2007（1）：68-73.

中，38 名被调查学校的校长认为教师教学知识与技能不足与编制和经费短缺一样成为学校教师队伍建设的重要问题，有超过五分之一的校长认为是最大难题。教师虽然有较高学历，但胜任教学的能力并不高。[①] 面对这一现实问题则需要相关调查研究人员根据教师知识专业发展理论以及教师能力发展理论进行进一步的有计划、有组织、有针对性的探讨，才能真正分析出当地民族地区教师缺少哪一方面的知识和教学能力，从而科学地查漏补缺，做到有的放矢。

最后，关于教师信念理论的现实启示，可以从国内外两个地域维度展开探询。关于国际教师信念研究可视化分析显示，建议在研究热点和主题上，已有研究主要集中在教师认识论信念、自我效能信念、学生信念和教学信念等方面。建议我国应重视教师信念研究，注重实证主义研究范式，基于生态系统理论对特定主题的教师信念进行研究。[②] 而在国内有关教师信念的研究现状是，学界对教师信念的研究虽起步较晚，但自 20 世纪 90 年代以来，研究的数量迅猛增加，主题也在接连丰富，但有几个问题值得注意，即研究范式转变、理论与实践对话、个体情境互构。[③] 由此，可以看出，教师信念作为从事教育工作的心理背景，影响着教育教学实践，影响着学生素质的培养。众所周知，教师的信念影响他们的知觉、判断，而这些又影响他们的课堂行为，因此，理解教师的观念结构对改进教师职业准备和教育实践都是非常必要的。[④]

① 王嘉毅，赵明仁.民族地区教师队伍建设的现状、问题与对策研究[J].西北民族研究，2012（1）：29–39，77.

② 辛伟豪，刘春玲，王晶莹.国际教师信念研究可视化分析[J].外国中小学教育，2018（9）：51–60.

③ 王祥.六十年来国内“教师信念”研究的可视化分析[J].黑龙江高教研究，2019，37（2）：103–109.

④ 林崇德.教育的智慧——写给中小学教师[M].北京：开明出版社，1999：41–45.

总之，在这些理论的指导下，在教师专业发展理论与实践的联合下，将会更好地指导与促进民族地区师资保障研究的进展。当然，本文只是根据现有研究，按照教师专业发展的演进层次，较为简单地梳理了其发展演变的进程。通过梳理，我们发现，今后针对民族地区教师专业发展理论的研究仍有较大的发展空间，诸如，教师专业发展的纵向研究中如何将不同阶段任教的教师专业化进行对比，以此沟通不同阶段的教育、如何把教师专业发展与基础教育课程改革联系起来研究。同时，积极努力，共同思考如何更加注重教师专业发展的本土化的研究，以解决不同区域乃至不同民族地区的教师以及双语教师在自身专业化进程中所面临的特殊问题依然需要适时地加以研究并予以解决，才能为民族地区教师队伍保障奠定坚实牢靠的基础。

执笔者：袁梅、国建文、原子茜、郭寿梅、洪双双

第三章 >>>>

内蒙古自治区师资保障的个案研究

随着国家和地方政府的政策支持，以及民族地区的不断努力，使得内蒙古地区的中小学师资队伍建设已经有了很大程度地改观。民族地区师资总体数量处于上升阶段、民族教师师资配备渐趋齐全、民族地区教师薪资相关待遇得以落实。但是，不可否认的是，民族地区的师资保障还存在一系列的普遍性问题与个性化问题需要解决。这些长期性的，亦或隐含的问题严重制约着民族地区教育质量的提高、教育公平的推进、教育活力的推动，并成为了制约我国义务教育均衡、优质发展的短板。因此，在义务教育均衡发展的背景下，民族地区的师资保障研究就成为了一个重要的研究课题。近年来，内蒙古自治区通辽市的民族教育成为各个少数民族地区民族教育发展的实验田与示范区，起到了很好的带头作用。在民族地区的教育发展进程中极具代表性，因而有重点的选取并开展对通辽地区蒙古族中小学师资队伍的建设与发展情况的调查研究并从中发现、挖掘、考察民族地区在中小学师资保障方面的积累的经验与不足便有了实施的可能性与必要性。

第一节　内蒙古自治区教育发展基本生态概况

教育不能脱离本土而孤立地形成与发展，其发展演变的过程自然需要滋养它的土壤。马克思主义者认为，现存的教育要受到社会经济基础与本土化生态的影响和制约，并与社会的实存状态相互影响和相互渗透。对现实的教育情况的调查表明，不同的地域之中，不同形式的教育模式都显示出了较为鲜明的个性。因此，调查研究某一地区的教育，就有必要先了解本地区教育所依存的基本生态境况。正如费孝通所说的，一个东西存在，它是与其他东西相关联的，相互关联的东西形成一个结构，形成一个系统。一个事物不是孤立存在的，它是存在于系统之中的。① 同理，内蒙古自治区的民族教育自然要与当地的基本生态状况相依存。

一、自然地理生态情况

内蒙古自治区简称“内蒙古”，位于祖国北疆，横跨西北、华北、东北三大片区，省域与8省区接壤。内蒙古自治区境内共有大小河流千余条，祖国的第二大河——黄河，由宁夏石咀山附近进入内蒙古，由南向北，围绕鄂尔多斯高原，形成一个马蹄形。其中流域面积在1000平方公

① 费孝通.从事社会学五十年[M].天津：天津人民出版社，1983：10.

里以上的河流有107条；流域面积大于300平方公里的有258条，有近千个大小湖泊。①

二、经济社会发展状况

内蒙古自治区有蒙古族、汉族、满族、回族、达斡尔族、鄂温克族、鄂伦春族、朝鲜族等55个民族。2016年，全区城镇新增就业稳步增长，新增就业26.8万人，完成年度计划103.3%；重点群体就业较好，有13.99万名应往届高校毕业生实现或落实就业去向，农牧民累计转移就业人数256.95万人，完成年度计划104.9%。2016年，国家共安排全区21个社会事业建设专项，涉及教育、卫生计生、文化、民政、旅游等方面，共18.18亿元。包头市在全国率先推出城乡医保一体化，实现城乡居民医疗保障和费用报销统一标准。脱贫攻坚力度加大，全年各级财政投入扶贫资金77.6亿元，新增金融扶贫资金150亿元，完成易地扶贫搬迁5万人，年内减贫24.1万人，实现12个以上自治区贫困旗县摘帽。② 2017年末，全区常住人口为2528.6万人，比上年增加8.5万人。其中，城镇人口为1568.2万人，乡村人口为960.4万人。2017年末有普通高中293所，全年招收学生14.4万人，比上年下降2.3%；在校学生43.6万人，比上年下降2.9%。其中，少数民族学生13.2万人，少数民族在校学生中有蒙古族学生11.9万人；毕业学生15.3万人。2017年末有初中683所，全年招收学生22.5万人，比上年增长13.9%；在校学生61.9万人，比上年增长1.0%。其中，少数民族学生17.8万人，少数民族在校学生中有蒙古族学生15.8万人；毕业学生21.5万人。2017年末有小学1658所，招收学生21.6万人，

① 数据来源于内蒙古自治区人民政府官网。

② 何立峰主编.2017国家西部开发报告[M].杭州：浙江大学出版社，2017：199.

比上年下降5.1%；在校学生132.5万人，比上年下降1.0%；毕业学生22.6万人，比上年增长13.8%。全区幼儿园在园幼儿人数64万人，比上年增长5.4%。全区初中阶段毛入学率98.88%，小学适龄儿童入学率100%。[①]

三、民族教育发展状况

一直以来，内蒙古自治区高度重视发展民族教育。从1949年全区第一届教育工作会议以来，自治区明确了重点推广国家通用语言文字和重点发展少数民族语言文字、培养少数民族干部和少数民族人才的办学理念。牧区办学坚持“四结合、四为主”的理论、全区民族教育实行“优先发展、重点扶持”等一系列政策，逐步建立起民族教育与普通教育相协调，职业教育与普通教育相协调的教育格局，并且建立起从幼儿教育到高等教育结构完整、层次合理的具有地方特色和民族特点的教育体系，不断为自治区发展培养出各行各业的建设者。在长期的民族教育发展过程中，内蒙古自治区形成了明确的民族教育指导思想和基本原则，即认真贯彻执行党和国家的教育方针政策，积极发展国家通用语言文字和传承区内各民族优秀传统文化，以学习掌握国家通用语为基本要求、学习运用普通话为必备素质、学习使用外语为能力发展，同时采取因地制宜、分类指导的原则，并且积极加强宣传引导，尊重学生选择意愿，努力培养适应国家和自治区经济社会发展需要的各类专门人才。

---

① 数据来源于内蒙古自治区人民政府官网。

四、调研地点基本情况

教育，无论在哪个民族、在哪个地区都是一项伟大且必须长期推行的社会事业，同时亦是各民族走上社会主义现代化道路的催化剂，是各级各类政府机构，乃至每一个人都不能忽视的重要社会问题。那么，如何解决这个重要而紧迫的课题呢？虽然可以设想种种办法，但最为重要而根本有效的对策是走进田野，摸清在地化教育的基本情况。而在教育实践中，我们在调研地了解到的基本情况如下。2018年，通辽市政府工作报告在关于通辽市各项社会事业的进展的汇报中，将教育的振兴与发展摆在了重要的战略地位上并做出如下表述："通辽市近五年来各项社会事业全面进步。五年来，全市教育教学水平得到提升，6个旗市区通过国家义务教育均衡发展达标验收，教育信息化'三通两平台'步入自治区前列，在全区率先实现苏木乡镇、中心嘎查村幼儿园全覆盖，义务教育阶段学校'大通铺'改造和农村牧区教师周转宿舍建设全面完成。"① 通辽市现有（2018年数据）独立设置的少数民族中小学校537所，在校学生33.38万人，分别占全区中小学校总数和在校学生总数的15.54%、12.85%。其中实施双语教学的学校有484所，在校学生共20.85万人，分别占全区中小学校总数和在校学生总数的14%、8.03%。现有独立设置的少数民族幼儿园205所，在园幼儿6.95万人，分别占全区幼儿园总数和在园幼儿总数的7.48%、13.48%。其中实施双语教学的幼儿园有186所，在园幼儿共4.75万人，分别占全区幼儿园总数和在园幼儿总数的6.79%、9.22%。全区有36所普通高校开设了100多个蒙汉双语授课专业和少数民族预科班，在读学生5.79万人，占全区在校大学生总数的14.50%。全市现有少数民族在

① 参见通辽市政府2018年政府工作报告。

校中小学生69.49万人，占全区在校中小学生总数的26.75%，其中蒙古族在校中小学生61.82万人，占全区在校中小学生总数的23.80%。现有少数民族在园幼儿12.47万人，占全区在园幼儿总数的24.19%，其中蒙古族在园幼儿11.11万人，占全区在园幼儿总数的21.55%。现有少数民族在校大学生10.73万人，占全区在校大学生总数的26.88%，其中蒙古族在校大学生9.32万人，占全区在校大学生总数的23.35%。现有少数民族在读研究生5032人，占全区在读研究生总数的29.78%。

第二节　内蒙古自治区师资保障的举措与成效

党和国家历来高度重视少数民族教育的发展。各级各类机关单位针对少数民族教育发展的实际，积极稳妥地制定、落实各项民族教育政策。经过多年的建设与发展，民族教育取得了巨大的成就：教育规模不断扩大，办学条件明显改善，教师队伍素质稳步提升，学校民族团结教育广泛开展，教育教学质量不断提高，培养了一大批少数民族人才，为加快民族地区经济社会发展、维护祖国统一、促进民族团结作出了重要贡献。近年来，在国家大力扶持与本地区民族教育领域的自力更生、努力奋进的双重作用下，内蒙古自治区的民族教育取得了长足的发展和进步。特别是在新时代义务教育均衡发展的背景下，在现有条件的基础上，内蒙古自治区蒙古族中小学师资队伍建设斩获了可喜的成绩，成效显著。通过补充教师，提高教师待遇，实施教师交流，开展教师培训等方式，有效缓解了民族地区中小学学科教师结构不合理、年龄老化和某些学科教师差缺的矛盾，不断缩小名优学校和薄弱学校的师资水平，为教育发展提供良好的师资保障，为薄弱学校发展注入新的活力。

一、中小学教师队伍增量提质效果显著

近年来，通辽市积极补充中小学教师队伍，使得本地区中小学教师队伍无论是在教师的总体数量还是教师的整体质量上都取得了显著成效。一是积极补充新教师。结构性短缺学科教师缺口得到及时补充。例如，科左中旗三年内通过公开招录、人才引进的形式补充141名学科教师。并已逐步建立教师队伍补充长效机制，按照每年学科教师短缺和自然减员的实际情况，通过政府公开招录和人才引进方式，充实师资力量并向农村牧区学校倾斜。一些旗县已经建立了新老教师“传帮带”制度。充分发挥老教师教学经验丰富的作用，对新招录教师实施“传帮带”，快速提升年轻教师教学水平与技能。二是加强教师培训。第一，对管理者进行培训。采取集中培训、外出学习考察、到先进发达地区挂职等方式，分期分批对管理者进行培训。有计划地组织各级培训者参加相关的集中培训，或通过选派参加区级培训，选送到区外进行短期培训等方式，切实提高培训者的组织管理能力、教学业务水平、教育教学研究水平和综合素质，使培训者能有效地组织各种培训，指导一线教育教学工作以及校本培训的开展。有些旗县，例如科左中旗的中小学教师要进行全员远程培训。对全旗教师实行每三年为一周期的全员远程培训，每年不少于72学时。通过培训，使全旗中小学教师都能胜任教育教学工作。第二，加强教师职业道德培训。将教师职业道德教育作为教师教育的首要内容，列为周期重要培训任务之一。围绕新时代对“师德”的更高要求，加强教师职业道德的理论与实践研究，

广泛开展“师德论坛”等各项活动，完善师德工作年度评估制度，建立教师“师德档案”。第三，加强现代信息技术培训。为适应学校现代化信息技术的发展，以及针对相关课程教师的现代信息技术培训，以《中小学教师教育技术能力标准》为依据，基于现有教学媒体环境的教学设计为主要内容进行强化培训。第四，加强新课改培训。紧密围绕基础教育课程改革实施的不同阶段，确定培训目标和培训内容，开展新课程、新技能培训。深化课程改革，加强教育科研，全面提升办学质量。第五，加强新教师培训。按照“先培训，后上岗，不培训，不上岗，培训不合格不上岗”的原则，对新教师进行分类分岗的岗位培训。新教师参加各级集中培训时间累计不少于120学时（包括校本培训）。第六，加强以农牧区教师为重点的培训。通过远程教育、集中培训、任（挂）职锻炼、跟班学习、对口交流支援、轮教等途径，给予农牧区教师培训机会，以促进农村牧区教师的专业发展，促进城乡教育的协调发展。①

二、中小学教师管理制度渐成体系

近年来，为促进民族地区教师队伍的建设，国家和地区相关部门陆续出台了一系列相关的管理制度，以保障教师队伍的良性发展。并且，自教师准备从事教学工作开始，都会有针对教师政策的宣讲和解读。2002年《国务院关于深化改革加快发展民族教育的决定》、2004年11月26日内蒙古自治区第十届人民代表大会常务委员会第十二次会议通过了共六章四十条的“内蒙古自治区蒙古语言文字工作条例”、2012年2月《内蒙古自治区民族教育人才培养模式改革实施方案》和《内蒙古自治区民族教育发展水平提升工程实施方案》、2015年《关于认真做好2015年教师节评选表彰

① 参见科左中旗教育局2017年教师培训总结。

工作的通知》、2016年关于“盟市（高校）优秀退休教师对口支援乡村教育计划的倡议书”等等。例如，库伦旗为进一步加强全旗教职工队伍的管理，教育体育工作实现晋位升级目标，依据相关的法律法规，并结合工作实际，研究制定了三个管理办法，完善了工作机制。一是加强教师管理，出台并实施了《库伦旗教体系统学校（幼儿园）教职工管理办法》，对教职工的日常管理、录用与聘任、培训与考核、人事调配与交流、考勤与考核、奖励与惩处作出明确规定。二是加强校长、园长考核，制定《库伦旗中小学校长、幼儿园园长工作考核方案》，对全旗公办中小学校长、幼儿园园长在日常工作、党建工作、规范办学、教学管理、校园管理、安全工作等工作成绩进行量化打分，作为校、园长考核依据。三是规范绩效工资发放，制定《库伦旗教体系统学校（幼儿园）奖励性绩效工资考核实施意见》，切实提高教师工作的主动性和积极性。①

三、确保中小学师资队伍建设保障措施先行

民族地区中小学教师队伍建设在民族基础教育领域的先行性主要体现在以下几个方面：第一，不断提高中小学教师的薪资，使中小学教师工资水平高于或者等于本地公务员工资水平。第二，在政府、学校经费预算方面，为民族地区中小学的教师预留专项培训经费。国务院《关于中国教育改革和发展纲要的实施意见》中指出，中央和地方政府在教育经费和师资培训以及世界银行贷款等方面要对少数民族教育采取特殊的倾斜政策。第三，在各民族地区不断提高教师地位，在学校教育、家庭教育、社区教育的过程中倡导尊师重教的良好风气。第四，在中小学教师职业生涯条件保障方面，给予一定的倾斜。例如，一些民族地区的有关政策规定，民族地

① 参见库伦旗教育体育局关于中小学、幼儿园教师队伍建设的情况汇报。

区的教师，任职满一定年限即可提前退休，在偏远的民族地区工作满一定年限可自动升级为高级职称。第五，在各级各类教育领域中，要优先办好民族师范教育，师范生招生比例适当增加，并向民族地区倾斜。[①]

第三节 内蒙古自治区师资保障面临的困境

内蒙古自治区在推进民族地区义务教育均衡发展、大力加强中小学师资队伍建设中的成绩是有目共睹的，也是令人鼓舞的。当然，由于受到自治区自然环境差异、经济社会发展状况不平衡、整体经济实力还不够雄厚，诸多原因，目前中小学教师队伍的良性发展依然存在诸多困难和问题，这对内蒙古自治区义务教育均衡发展起到了不小的阻碍作用。为了更好地推进内蒙古义务教育均衡发展，建立健全中小学教师队伍保障机制，有必要进一步揭示中小学师资队伍建设存在的困难和问题。

一、教师来源方面问题突出

（一）在编教师准入机制单一

近几年，补充教师由市人力资源和社会保障局统一组织招聘，经过申报计划、审批、报名、审核、笔试、面试、体检、政审等程序，一般从申

① 国建文，袁梅.改革开放40年民族地区中小学教师队伍建设的考察与评析[J].广西师范学院学报（哲学社会科学版），2018，39（6）：18-23.

报计划到最后录用需一年左右的时间，而且达到设定岗位比例方可开考。考生报名时无法知晓每个岗位报名人数，导致一些岗位报名“拥挤”，一些岗位报名人数达不到开考比例，教师到位效率较低。虽然近两年各地区都开始实施“人才引进”计划，但相对来讲，门槛较高，效果并不明显，绝大部分在编教师依然是通过教师编制考试进入到教师队伍。

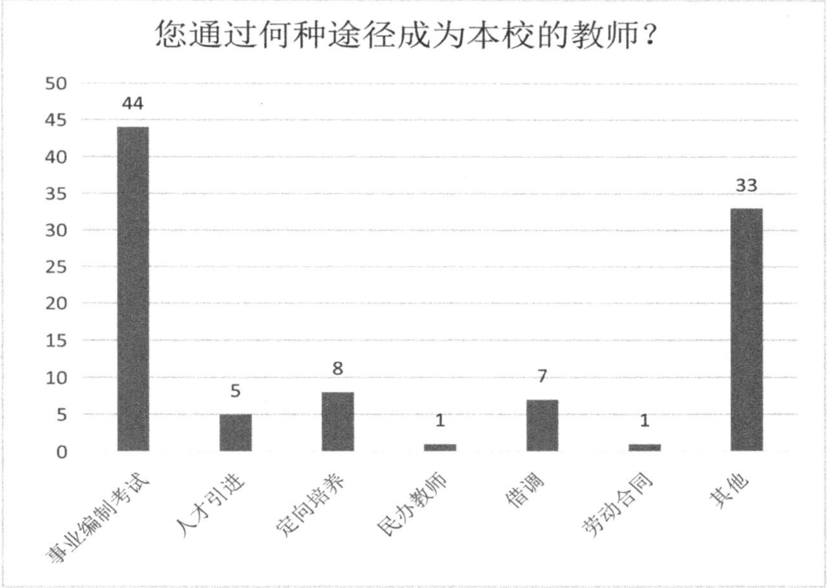

图 3–1　在编教师聘任途径调查

注：1.事业编制考试：44.4%；2.人才引进：5.1%；3.定向培养：8.1%；4.民办教师：1%；5.借调：7.1%；6.劳动合同：1%；7.其他：33.3%。

通过对目前在校的中小学教师的问卷调查可知，绝大多数的正规在编教师基本上都是通过事业编制考试而加入到教师队伍中的。通过其他方式加入教师队伍的人数达到33.3%，主要是一些年龄大的教师，他们是20世纪七八十年代通过包分配的方式进入教师队伍中来的，这从另一层面上表明了教师的年龄结构趋于老龄化。

（二）在编新手教师成长时间跨度长

一名新手教师的专业成长道路在时间跨度而言上是相对漫长的。现如今，一名大学毕业生要想成为一名教师，其筛选流程是比较繁琐的。在校期间要开始准备教师资格证的笔试和面试（无论是师范生还是非师范生目前都需要考取教师资格证），在考取资格证的过程中，为了顺利通过考试，在功利化、应试教育的影响下，一些致力于今后成为教师的学生在大学伊始就要开始准备教师资格证的笔试环节，这也为今后教师的质量较低埋下了隐患，因为很多学生在备考过程中不仅荒废了其他专业课程，而且，更为糟糕的是，教师资格证的考试试题只是形式化的课本知识，有些学校并没有系统地进行过讲授和练习，因此，学生对于教育学知识的掌握只能是囫囵吞枣、不明就理地生搬硬套地对付考试，对于其后的专业发展、以及对未来的教育实践的指导效果甚微。但是，学生又不得不将大把的时间耗费在应对考试上，因为教师资格证是他们今后进入教师岗位必不可少的入门证件。笔者在调研的过程中了解到，一位新手教师为考取教师资格证就耗费了一年半的时间，在校期间很多的课上、课下时间都用在教师资格证的辅导用书学习上（教师资格证考试每年进行两次），第一次不过，下一次还要继续。同时，考完笔试环节还有资格审查、面试环节都要通过，才会获得国家认证的教师资格证书。同时，在此期间，从事师范教学的人员，还要通过普通话水平测试，或者少数民族地区制定的国家汉语等级考试，才能在教师招聘考试中获得报名资格。这对少数民族地区的教师成长而言确实是一项不小的挑战。并且，各地市统一招聘教师的时间越来越集中，但是，每年均有一定数量的教师退休和人员调动，相关学科的师资空缺，亟须补充教师。因此，学校在一个时间段内缺少教师，各校只能通过增加临时代课人员解决教师空岗问题。另一方面，等待成为教师的人员还有复杂的程序要走，并且入职后也要经历一段时间的培训、磨合、锻炼才能有任课的资格。这一段断档的时间就较为严重地影响了教育教学质量，也延长了新手教师成长的时间。

（三）非编制教师人员质量无从保证

在通辽市各个旗县的调查中，笔者了解到，在蒙古族学校非教师编制而执行专任教师任务的教师还占有很大一部分比例，虽然有些经验丰富的非编制人员能够很好地胜任教师的工作，完成教育教学任务，但从整个教师队伍质量上来考察，通过其他渠道来源的教师实则很难保证教师质量。从笔者调查的偏远民族地区蒙古族村小教师来源看，非编制人员主要有以下几种情况。

一是本地民办、代课转正教师。比如，笔者调查的某所村小，八位教师中有六位原来都是代课教师，后来通过函授获得专科文凭和参与代课教师转正考试成为正式教师。这类教师未受过师范教育，缺乏良好的教育理论和教学技能，且年龄偏大、观念陈旧、方法落后，不会使用新技术，很难适应新课程改革要求。

二是城镇支教教师。目前，很多地方要求城镇学校教师晋升高级职称要有一年农村学校支教经历。但从实践来看，他们大多不熟悉当地农村学生情况常把城镇的教学照搬过来，加之除去前期适应和后期放松的教学阶段，真正有效的教学时间很短，难以帮助农村学生实现最优发展。比如，笔者在某地山村小学调研时发现，支教的教师普遍周一较晚才来学校，周五早早离开学校，而且平时待在学校，很少进行家访，真正跟学生接触的时间并不多。

三是“特岗教师”。他们缺乏教学经验，不能在艰苦地区吃苦受累，不能安心教学，而且常常出现“用不上”的情况。

四是代课教师。不少偏远学校依然存在代课教师，且学历大多在高中以下，他们缺乏基本的教学知识技能，加之待遇低、没前途，工作情绪不稳，不能全身心投入教育，很多代课教师几乎不来上课，但依旧拿着工资，有了好的工作机会，马上就会跳槽。比如，笔者在内蒙古牧区调研中发现，一些小规模学校中仍然有代课教师。同时，这些学校普遍缺乏专业课教师。

（四）教师队伍整体学历层次偏低

部分民族地区经济发展水平偏低，在外地求学的师范生在较为发达的城市大学毕业后，就不愿再回到自己的家乡任教，特别是学历层次较高的学生，一来回到家乡感觉无用武之地，二来到家乡后感觉格格不入。所以高学历回流家乡的人数非常有限。例如通辽市库伦旗，现有研究生学历47名，本科学历1466名，大学专科学历772名，中师学历117名。整个旗仅有研究生学历人员47名，比例非常低。因此，一个地区的学校教师高学历层次偏低，虽然与教师的教学水平的关系比较小，但至少能够说明这样两个问题：一是本地区的经济发展水平、工资待遇还不能吸引更多的高学历层次的人才到本地任教；二是一个地区的教师普遍低学历层次，说明本地区任教的教师在自身专业的发展上还欠缺相应的专业知识。

（五）中小学教师队伍年龄、性别比例失调

通过调查数据所得出的结论我们可以看到，教师男女比例、老中青比例失调现象较为严重。教师队伍整体年龄偏大，老龄化严重。随着高级职称女教师延迟至60岁退休政策的实施和教体系统编制的大幅缩减，老龄化趋势将越来越严重，尤其是很多村级教学点，由于年轻教师稀缺，教师平均年龄已超过50岁。师资性别比例具体情况见下表：

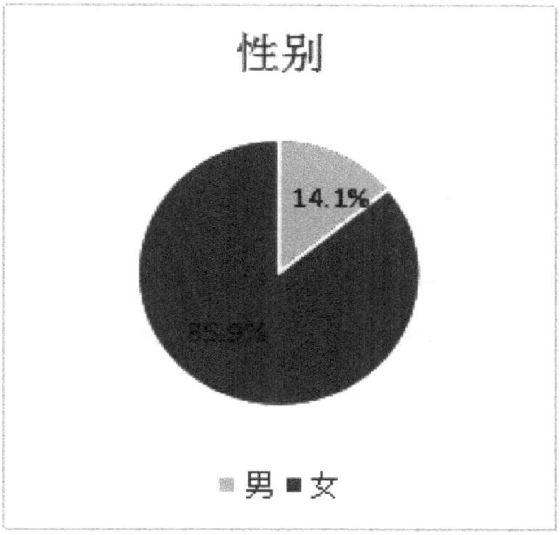

图 3–2　在校教师男女比例

（六）教师按照学科分配比例失衡，结构性缺编

教师编制按照学生数或班级数核定，各个旗县整体不缺编，但一些旗县的农村学校学生数少，因此，分配的教师在数量上就不多，几乎每隔几年才会有一两个名额空出，而空出的名额基本上又是主要学科空出的编制，从而导致了部分学科教师紧缺，教师队伍整体呈现结构性缺编。有些农村教师既是主要科目教师，同时还要兼任音乐、体育、美术等教学任务。在现有教师编制内，被称为“小三科”的音体美教师还相对匮乏，同时很多中小学校只有一两位专业的心理咨询教师，其他的心理辅导教师都是“现学现卖”，只经过短期的培训就上岗，或者是“半路出家”由班主任兼职心理辅导教师。专任生活教师缺乏，有的乡村学校甚至没有生活老师。总体而言，教师队伍总体数量仍然欠缺，缺少专业化、本土化的校本课程教师。

二、教师队伍建设政策保障问题突出

（一）政策的制定

第一，在一些具体的政策条款中，表述模糊不明。例如绩效工资的发放，应该是用财政来缴清，最后到实施时，成了拿教师自己的钱集中分给绩效考核达标的教师。根据通辽市人力资源和社会保障局、财政局《关于调整通辽市事业单位绩效工资的通知》（通人社发〔2015〕2号）文件规定，高级职称绩效工资总量为3489元，中级职称绩效工资总量为3214元，初级职称绩效工资总量为2574元，员级人员绩效工资总量为2374元；义务教育学校绩效工资基础性绩效占70%，奖励性绩效占30%，非义务教育单位绩效工资基础性绩效占60%，奖励性绩效占40%，全部绩效工资都入工资折。而笔者参与调查时发现，很多学校教师的绩效工资奖励性绩效并不是全额发放的，并且发放了奖励性绩效工资的教师所得奖励中的一部分是在自己应得的工资中扣除又补贴给教师的，就相当于用自己的钱补贴自己，这在一定程度上影响了教师工作的积极性。虽然，近年来当地各旗县加大了教师的评聘力度，但是由于财政、职称评定的条件，以及数额等原因，依然有很多教师只能先通过评审，再等待聘任。例如，库伦旗虽加大了聘任力度，但还有715名教师的职称未进行聘任，其中，高级未聘教师335人，中级未聘教师333人，初级未聘教师47人。

第二，各级各类政策无法协调统一。例如，国家相关政策规定不许各地乱发补贴，但是班主任津贴是教师劳动应该所得，依据《内蒙古自治区义务教育学校教师绩效考核工作实施意见》（内教发〔2009〕19号）、《内蒙古自治区人民政府关于事业单位实施绩效工资的意见》（内政发〔2011〕125号）和《通辽市教育系统事业单位奖励性绩效工资考核实施若干意见（试行）》（通政办字〔2016〕122号），依据实际班主任津贴每人每月应有200—400元。但是由于与国家大政方针中“不准乱发补贴”的相关规定在理解上可能有一定程度的相左，因此许多学校要么是不敢发，要么是发得不够，要么根本没有，还有留作他用的。因此，政策不明确对教师队伍的有效保障造成了一定程度的困扰。

第三，政策内容缺乏针对性、具体性、指导性。政策的制定工作需要强有力的理论指导，但是近年来，关于民族教育教师政策的相关理论研究很少，从中小学师资保障研究方面来看，在关于保障教师权利和规定教师义务等方面还缺乏系统性、深入性、适宜性的有效指导，并且在教师政策保障方面没有引起政府相关部门和当地学校的重视，从而使教育政策的制定过于片面化和浅表化。政策成为弥补教师保障漏洞的补丁，而失去了教师保障政策的前瞻性、指导性功能。中小学校关于教师政策的制定亟须理论指导，是当前面临的较为突出的问题。

（二）政策的实施

其一，有些政策早已经颁布，但是迟迟不能执行。例如各级虽都下发《义务教育学校校长教师交流轮岗实施方案》，但在真正实施时难度很大，教师观念很难转变，相应机制还未真正落在实处。虽然有些学者提出推进“县管校聘”改革，实行县域内义务教育学校教师、校长交流轮岗，推动城镇优秀教师、校长向乡村学校、薄弱学校流动。小规模学校或教学点的课程不易开齐，而实行学区（乡镇）内走教，则可在一定程度上加强弥补，但是对于地域跨度大的旗县实施起来难度重重。通辽市中小学分布在各个旗县，在市内之间的交流首先在距离上难度就加大，每个旗县距离很远，教师如果去其他旗县交流，学校的工作就无人替代，上完课后再赶往交流地点，时间根本来不及。而相应的国培、省培等时间安排非常紧凑，以至于很多教师干脆放弃申请出外交流培训的机会。时间的紧凑和距离的远近客观上造成了教师流动交流的困难。

其二，教育专项资金到县乡一级常被留作他用。调查得知，有些旗县会将教师补助资金截留改作他用。例如，有些地区会将班主任津贴算在绩效工资里。内蒙古教育厅已经出台《内蒙古自治区民族教育条例》，但是具体到各个市、县条例的实际要求在“原则上如何”的掩盖下就走了样，例如条例中提出学校的水费、电费、取暖费由政府买单，但是具体到旗，旗里没有专项资金保障，各个学校只能在本校的财政预算中预留，从而使很多教职工应当得到的一部分补贴拿不到。

其三，不能变通。在义务教育均衡发展背景下，很多学校为了完成上级领导部门的硬性要求，大量从银行中贷款完善硬件设施，造成学校负债很多。从而导致有些学校，教师的工资还未按时发放到位，班主任津贴更是无从谈起。教师们谈到，教师每天保质保量地完成教学任务、尽心竭力地保障学生的安全，实际上真的是一项良心工程。教师的积极性全凭自己的良心在践行。但是，一天、一月、一年靠教师们自觉，时间长了，教师们无法保障自己的生活条件时，又该怎样继续完成自己的本职工作，确实是一个值得深思的现实问题。

（三）政策的评价

教育政策评估是根据一定的程序，对教育政策实施的效果和社会效益进行分析和判断。但是，事实上，很多政策在落实的过程中因为没有较为科学的评估机制，没有对教师保障政策在实施前、实施过程中和事后进行评估，常常使教师保障政策没有达到预期的目的和效果。

三、教师专业化发展保障方面问题突出

笔者对内蒙古自治区教师的观察和访谈发现，在推进教师素质提升方面，不论是教师自身还是上级部门，在提升教师素质、促进教师专业化发

展的过程中都存在一些普遍性问题。

（一）自我提升动力不足、工作压力大

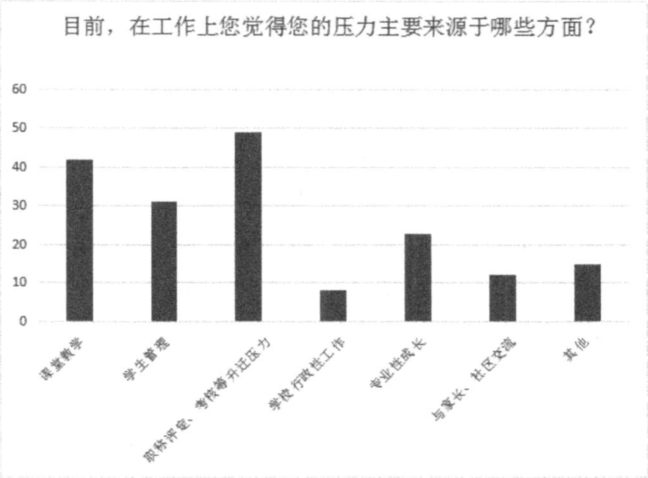

图 3–3　教师工作压力来源调查

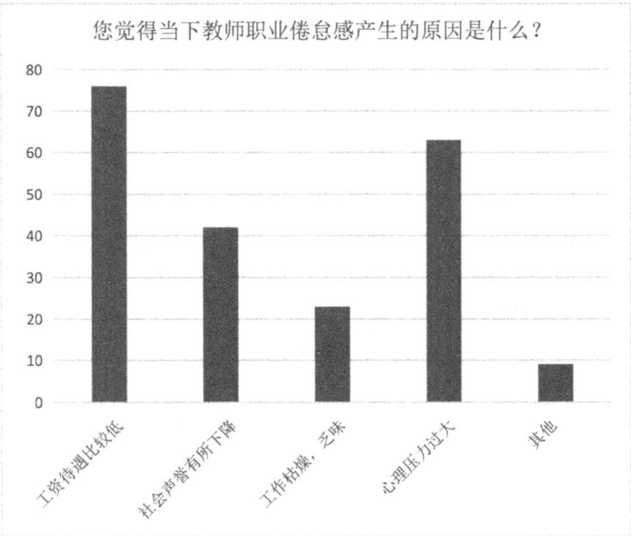

图 3–4　教师职业倦怠感产生的原因

笔者对内蒙古自治区教师的观察和访谈发现，在推进教师素质提升方面，不论是教师自身还是上级部门，力度都较缺乏，措施都较陈旧。从教师自身来看，很多教师在入职后基本不重视专业学习，不重视自我修养提高。最为典型的是在工作之余不重视阅读、写作，更不开展教学研究。笔者随机询问了不同学校的几十位教师，均表示平时基本不看专业报刊杂志，一年中（甚至几年）基本没读过一本与教育有关的书，多年没写过读书笔记或教育随笔，且他们对笔者谈到的多位国内著名特级教师都不知晓，至于围绕教育问题开展研究的更没有。一位教师说道："我们现在工作量那么大，家务事又多，哪有时间读书和写文章？没兴趣写了，要写也写不出来了，至于搞研究就留给专家学者了，我们哪有那本事？"

（二）政府、学校提升教师素质举措不力

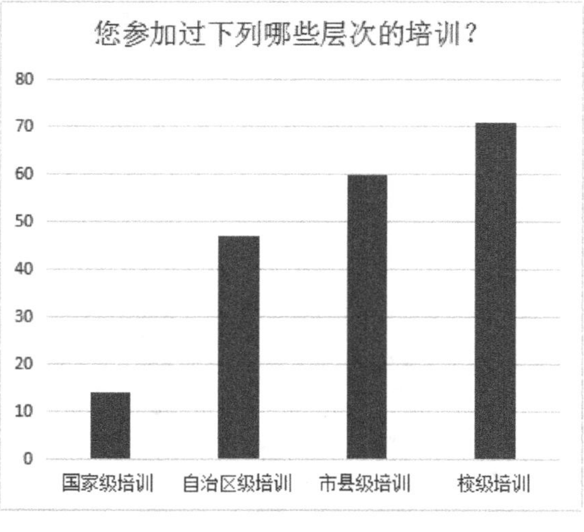

图 3–5　教师参加培训情况调查

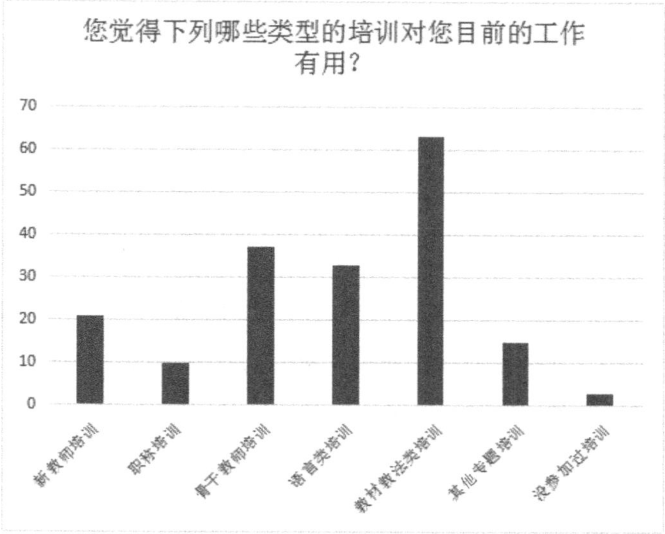

图 3–6　教师培训类型效用调查

在师资培训方面，普遍存在层次低、机会少、流于形式、缺乏针对性、缺少实效性。师资队伍建设按国培、区培、市培等有关要求进行培训，采用集中、远程、请专家讲座、送教下乡、校本研修等方式提升教师素质。但是不少教师反映，培训只是形式热闹，没有学到实际内容。现在又采取网上自学的方式，不少教师只是打开网页，让其自然播放而几乎不看，基本没有效果。有学者对民族地区教师的调查发现，只有36%的教师参加过进修学习，很多在边远贫困地区工作多年的教师从未参加过培训，相当比例的小学教师只是在县城参加继续教育培训，很多时候培训的形式大于实质。从学校管理与培训来看，很少有学校组织教师进行教学研讨、教学观摩活动，也就使教师缺乏相互学习借鉴而获得成长的机会。比如，笔者调研中的一所乡镇蒙古族小学一年之内没有组织教师开展过一次相互听课，教师们都是各上各的课。也就是说，很多教师工作以后就不思进取，基本上是吃老本，没有通过自我的发展推动学生的发展。

（三）教师自身角色发挥不充分

笔者通过对教师工作、生活的观察，参与听课，以及对学生和家长的访谈发现，这些地方的教师普遍没有发挥好自身应有的作用。以下略作举例。

一是没有积极引导学生学会学习。比较典型的是不少教师只管让学生死记硬背、大量做题，而不重视引导学生推理、概括、分析和帮助学生掌握阅读、写作、记忆等技巧。所以，学生学习能力普遍没有获得有效提升，以至于不少学生对学习缺乏兴趣，学习成绩很差，学习后劲不足。在这些学校，学生考试成绩不及格的情况非常普遍，甚至有的人数学、语文都只能考个位数。笔者在观察学生学习时，发现很多学生背课文是一遍又一遍反复读，而不懂得巧记妙记；在做作业时相互抄写，而不认真思考领会。

二是不能很好地促进学生身心健康。不少教师不懂得保护学生身体、呵护学生心灵，放学后有的教师还要求学生背完课文才能回家，这些对学生身心造成很大伤害，一些学生因此变得讨厌老师、恐惧学习。

三是没有切实促进学生团结合作。不论在课堂上还是生活中，教师们都不能有效引导学生团结合作。比如，不少教师对学生采取的是“放羊”式的教学和管理，而没有积极开展小组学习、组织学生相互帮助等方式促进学生形成学习共同体以使大家和谐相处、共同进步。这在寄宿制学校中更明显，笔者发现，教师通常不能有效引导各村社学生之间互相关心、学习和支持。

四是没有真正推动学生实践应用。不少教师只管按部就班完成课程教学，而没有结合实际引导学生具体实践运用。比如，没有切实引导学生把数学用以日常计算、把品德知识转化为道德礼貌、把操作知识转变为具体实践，结果培养出很多不会考试、不会做事、不愿做事的人。笔者专门对学生的日常生活进行观察，发现不少学生回家不帮家人做家务活，在村子里碰到长辈不懂得打招呼，也不会用所学数学知识帮助父母算账。此外，很多教师也不懂得对学生进行热爱家乡、悦纳自我等教育，不懂得对当地群众做出积极榜样和提供有益帮助。他们常常引导学生脱离农村，给他们灌输走到外面才算成功的价值观。

四、教师教学工作评价方面问题突出

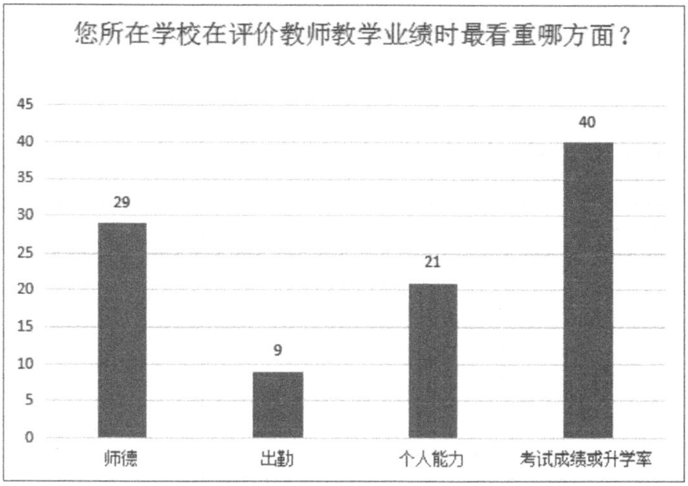

图 3–7　教师教学评价

对教师教学工作的评价，不仅是教学反馈和教学管理的重要内容，也是促进教师成长的重要手段。通辽市各级各类中小学虽然已经逐步建立了教师评价体系，拓展了教师教学评价的方法，但具体实施的过程中很多流于形式。有些学校年中、年终都会有教师评价环节，并根据评价的结果确定本年度的绩效工资、优秀奖励等。根据评价的主体区分，各蒙古族学校也同时存在督导评价、学生评价、同行评价以及教师自评的方式。但是，在调查过程中发现，督导评价收效甚微，走马观花，只通过短短的调查或者一两节的公开课，无法具体地对教师教育教学工作提供详实的指导意见。对于学生，每次评价之前，很多教师都会先与自己班的学生通气，令学生打高分。对于同行评价，有些同行之间，或是碍于面子，或是出于各自的利益，很难提供客观有效的评价信息。对于教师自评，有些教师缺乏自我反思与自主学习的能力，对自我认识不足，无论对缺点还是优点都有认识过低或过高的可能，也少有中肯的评价。因此，整个教师教学评价环节，还缺乏真正的有效的可评估、可测量的科学地评价方式。

执笔者：国建文、袁梅

第四章 >>>>

西藏自治区师资保障的个案研究

“教师是立教之本，兴教之源”，师资队伍的保障关系到教师队伍发展的稳定性。西藏自治区作为我国藏族同胞主要聚居的省区，把握西藏自治区师资保障的基本状况，对于推动我国其他少数民族地区师资保障具有重要的参考价值。为了更好地了解西藏自治区在推动师资保障建设过程中的重要举措与取得的巨大成就，廓清西藏自治区师资保障建设中存在的突出困难和现实问题，把握西藏自治区师资保障建设状况，从而更好地为西藏自治区及我国其他少数民族地区师资保障建设提供针对性的对策建议，本章节主要呈现西藏自治区的部分地区开展的调查研究成果。具体而言，选择具有一定代表性的拉萨市和林芝市作为调研点，通过与西藏自治区教育厅，拉萨市和林芝市教育局的相关领导和当地各县市的教育局领导、校长代表进行专题座谈，与当地教师、家长、学生开展访谈交流，对当地部分教师进行问卷调查，以及对调研点的学校进行实地观察，就西藏自治区师资保障建设状况进行了调研，本章就西藏自治区师资保障的这些现状进行了较为详细的阐述。

第一节　西藏自治区教育发展基本生态状况

教育作为社会大系统中的一部分，与其他社会子系统有着千丝万缕的联系，因此，一个地区的教育发展状况亦同当地社会经济等密切联系。所以，在研究西藏自治区师资队伍发展状况的同时，也需要了解西藏自治区教育发展的基本生态环境。

一、自然地理基本情况

西藏自治区位于我国青藏高原西南部，南与印度、不丹、尼泊尔等国接壤，西与克什米尔毗邻，是我国西南边陲的重要门户。西藏自治区平均海拔4000米以上，是青藏高原的主体部分，有“世界屋脊”之称，全区面积120.223万平方公里，约占全国总面积的1/8。这里地形复杂，大体可分为三种不同的自然区：北部是藏北高原，位于昆仑山脉、唐古拉山脉和冈底斯山脉、念青唐古拉山脉之间，占全自治区面积的三分之二；在冈底斯山脉和喜马拉雅山脉之间，即雅鲁藏布江及其支流流经的地方，是藏南谷地；藏东是高山峡谷区，为一系列由东西走向逐渐转为南北走向的高山深谷，系著名的横断山脉的一部分。依据2010年第六次全国人口普查，西藏常住人口300.22万人，其中藏族271.64万人，占90.48%。①

二、经济社会发展状况

改革开放以来，西藏经济、民生获得了长足发展。2015年全区生产总值1026.39亿元，比2014年增长11%。全年落实中央投资超过500亿元，贷款余额突破2100亿元，完成对口援藏投资37.9亿元，固定资产投资突破1342.16亿元，比上年增长19.9%。完成地方财政收入176亿元，完成一般公共预算收入137亿元，完成一般公共预算支出1382亿元。城乡居民收入增长幅均高于经济增速，城镇居民人均可支配收入25457元，比上年增长15.6%；农村居民人均可支配收入8244元，比上年增长12%。②

2015年西藏自治区落实投资24亿元，既推进了农牧区幼儿园和寄宿制学校建设，也致力于科研基础条件平台建设，认定了“西藏自治区太阳能光伏和热利用重点实验室”等7家自治区重点实验室，批准新组建“西藏高原葡萄栽培与酿造工程技术研究中心”等有利于西藏经济社会发展的支柱产业。③

三、民族教育发展状况

截至2017年底，西藏自治区中小学（幼儿园）实现教育普及率达100%，自治区内共有各级各类学校2200所，其中民族幼儿园1239所，在园幼儿106346人；小学806所，在校学生315122人；初中学校106所（含

① 该数据资料由西藏自治区教育厅提供。

② 徐绍史主编.2016国家西部开发报告[M].杭州：浙江大学出版社，2016：178.

③ 徐绍史主编.2016国家西部开发报告[M].杭州：浙江大学出版社，2016：179-180.

初级中学94所、完全中学5所、十二年一贯制学校3所、九年一贯制学校4所），在校学生124571人；普通高中学校34所（含高级中学26所、完全中学5所、十二年一贯制学校3所），在校学生58758人；中等职业学校11所，在校生19300人。本专科在校生35643人，研究生1804人，特殊学校学生877人。学前教育三年毛入园率72.5%、小学净入学率99.5%、初中毛入学率99.3%、高中毛入学率80.3%。①

截至2017年底，西藏中小学（含幼儿园）在职教职工41974人，其中专任教师40126人。专任教师中，学前教育教师4254人、小学教师20429人、初级中学教师10042人、普通高中教师5187人，特殊教育教师214人。②。专任教师结构具体情况如下所示：

1.学历结构。学前、小学、初中、高中教师学历合格率分别为99.29%、99.90%、99.73%、98.45%。其中，学前教育教师大专及以上学历占93.89%，小学教师大专及以上学历占97.73%，初中教师本科及以上学历占88.25%，高中教师研究生学历占5.78%。③

2.职称结构。全区中小学、幼儿园教师中，高级职称教师占6.12%、中级职称教师占34.88%、初级职称教师占44.05%、未评职称教师占14.85%。④

3.民族结构。40126名专任教师中，少数民族教师32802人，占81.75%，汉族教师7324人，占18.25%。⑤

4.学科结构。小学20429名专任教师中，语文教师5270人、数学教师4722人、英语教师1200人、科学教师738人、美术教师501人、音乐教

① 该数据资料由西藏自治区教育厅提供。

② 该数据资料由西藏自治区教育厅提供。

③ 该数据资料由西藏自治区教育厅提供。

④ 该数据资料由西藏自治区教育厅提供。

⑤ 该数据资料由西藏自治区教育厅提供。

师595人、艺术教师119人、体育教师846人、信息技术教师666人、道德与法治教师1003人、综合实践教师107人、藏文教师及其他教师4662人。初中10042名专任教师中，语文教师1572人、数学教师1463人、英语教师1065人、道德与法治教师942人、历史教师327人、地理教师290人、物理教师635人、化学教师492人、生物教师292人、美术教师184人、音乐教师204人、体育教师440人、信息技术教师212人、综合教师37人、藏文教师及其他教师1887人。高中5187名专任教师中，语文教师722人、数学教师630人、英语教师604人、政治教师337人、历史教师313人、地理教师296人、物理教师357人、化学教师350人、生物教师323人、美术教师85人、音乐教师90人、体育教师215人、信息技术教师122人、藏文教师及其他教师743人。①

5.性别结构。40126名专任教师中，男教师比例为42.70%，女教师比例为57.30%。②

6.年龄结构。全区专任教师中29岁及以下14101人，占35.33%；30—39岁17834人，占44.68%；40—49岁7327人，占18.36%；50岁及以上650人，占1.63%（不含特校，统计公报中特校未分年龄段）。③

四、调研点基本状况

（一）拉萨市基本状况

拉萨市是中国西藏自治区的首府，西藏的政治、经济、文化中心。拉萨市占地31662平方公里，位于西藏高原的中部、喜马拉雅山脉北侧，海

① 该数据资料由西藏自治区教育厅提供。
② 该数据资料由西藏自治区教育厅提供。
③ 该数据资料由西藏自治区教育厅提供。

拔3650米，地处雅鲁藏布江支流拉萨河中游河谷平原。截至2015年，拉萨市辖2个市辖区、6个县，共64个乡（镇、办事处），269个村委会（社区居委会）。

截至2018年10月，拉萨市共有各级各类学校347所，在校生137240人。其中，普通高等学校1所，在校生3579人；中等职业技术学校2所，在校生6480人；普通高中4所，完全中学2所，在校生10820人；初中16所，在校生21987人；完全小学71所，在校生57151人；特殊教育学校1所，在校生198人；幼儿园249所，在园幼儿36997人；彩泉特殊福利小学在校生28人。

在师资队伍建设方面，拉萨市各级各类学校在职教职工10003人，其中师专教职工267人，中职教职工556人，高中教职工1101人，初中教职工2094人，小学教职工3862人，幼儿园教职工1861人，特殊教育学校教职工72人，各类学校教研员总数190人。各类学校在职教职工中有专任教师8987人，其中一级教师2330人、二级教师1946人、三级教师1125人。30岁以下教师1407人、30—45岁教师3722人、45岁以上教师3858人。[①]

（二）林芝市基本状况

林芝市位于西藏自治区东南部，雅鲁藏布江中下游，其西部和西南部分别与拉萨市、山南市相连，东部和北部分别与昌都市、那曲地区相连，南部与印度、缅甸两国接壤，被称为“西藏的江南”。林芝市辖原林芝地区的工布江达县、米林县、墨脱县、波密县、察隅县、朗县和新设立的巴宜区。截至2016年，林芝聚居着藏族、汉族、回族、怒族、门巴族、珞巴族、独龙族、纳西族、土家族、傈僳族等十多个民族及尚未确定民族成份的僜人，总人口19.5万人，其中藏族人口占总人口的90%以上。[②]

① 该数据资料由林芝市教育局提供。

② 该数据资料由林芝市教育局提供。

截至2018年10月，林芝市共有各级各类学校210所，其中：幼儿园137所（市直7所、县级8所、乡镇级46所、村级76所）、小学61所、九年一贯制学校1所、初级中学8所、高级中学2所、中等职业技术学校1所；在校生41778人，其中：学前在园幼儿8846人、小学在校生18876人、初中在校生7562人、普通高中在校生4763人、职校在校生1731人。截至8月底，全市学前教育毛入园率达71.2%，小学净入学率达99.93%，初中毛入学率达100.73%，高中毛入学率达87%。①

第二节　西藏自治区师资保障的举措与成效

促进公平、提高质量，是教育改革发展永恒的主题，而教师队伍建设正是促进教育公平、提高教育质量的关键所在。西藏自治区为了加强教师队伍的建设，不仅加快完善了教师队伍建设的政策体系，系统推出了加强教师队伍建设的有力举措，还积极创新教育模式、提高教师待遇、注重师德师风建设，以期为西藏自治区教育的高质量发展提供一支师德高尚、业务精湛、结构合理、充满活力的高素质专业化教师队伍。具体来说，西藏自治区师资保障的措施与举措涵括以下几个方面。

① 该数据资料由林芝市教育局提供。

一、加强顶层设计，政策保障不断健全

20世纪七八十年代以来，政策科学逐步兴起，关于教育政策的研究也迅速发展起来，日益受到教育决策人员和学者的重视。教育政策作为国家教育实践的行为准则和指导性原则，经常以教育方针、原则、意见、办法等规范性文件形式出现，对教育的改革与发展起指导、规范和保障作用；是一个国家规范和管理教育事业、促进教育发展以及解决教育问题的重要途径。民族教育的发展亦是如此，相关民族教育政策的颁布与健全常常关系着民族教育实践发展的效率与质量提高的速度。

西藏自治区及该自治区的各个地州积极出台促进民族教育与民族教师队伍建设的政策与条例，加强了这些地区民族教育政策体系的健全与完善，有效促进了区域各级各类民族教育质量的稳步提高。以拉萨市为例，为促进该地区学前教育的发展，拉萨市出台了《关于规范幼儿园教师考核评价工作的意见》并建立了《幼儿园教师综合成长档案》，完善了教师管理和发展机制。城关区相继制定《民办幼儿园暂行管理办法》《民办幼儿园评估指标体系》和《民办幼儿园年度检查暂行办法》，强化了对民办幼儿园联合执法检查和年检评估。针对义务教育，拉萨市出台了《关于开展"适龄儿童未完成九年义务教育"的自查自纠的紧急通知》，组织县（区）教育局长召开教育扶贫专项工作部署会，对进一步加强义务教育阶段学生控辍保学做了部署安排。

此外，针对当地教师队伍建设薄弱的情况，西藏自治区亦出台了相关政策。西藏自治区依据《关于进一步加强我区教师队伍建设的意见》（藏党办发〔2014〕17号）和《西藏自治区教育事业发展"十三五"规划》（藏政发〔2017〕24号）精神，制定出台了《西藏自治区"十三五"时期教师队伍建设专项规划》（藏教师〔2017〕104号），主要围绕"强师德、

补数量、提质量、重管理、保待遇”五个方面进一步加强西藏教师队伍建设工作。师德师风方面，西藏制定出台了《中共西藏自治区教育工作委员会西藏自治区教育厅关于建立健全师德师风建设长效机制的意见》（藏教工委〔2018〕3号），将师德师风作为评价教师队伍素质的第一标准。

二、积极创新模式，“组团式”教育援藏注入新活力

党和国家历来高度重视西藏教育工作，为促进西藏自治区师资队伍质量的提高，中央第六次西藏工作座谈会做出“进一步加大对口教育援藏力度，每年选派800名教师进藏支教、组织400名教师到内地培训的重大决策部署”。为深入贯彻落实中央会议精神，充分利用对口支援省市优质教育资源，整体提升西藏地区教育内涵发展水平，中央组织部、教育部等国家部委把教育人才“组团式”援藏作为一项重要的政治任务和使命担当，以印发《“组团式”教育人才援藏工作实施方案》（教民函〔2015〕8号）为起点，于2016年4月正式启动了教育人才组团式援藏工作，由17个省市和30所教育部直属高校附属中小学共派出810名教师以组团方式对口支援西藏自治区20所学校。①

截至2018年9月底，17个援藏省（市）、教育部直属高校附属中小学共派出1273人次援藏教师，104名援藏教育人才自愿延期援藏。“组团式”援藏教育人才教育部计划援派810人，实际援派782人，包括81名教育管理人员和701名专任教师。20所受援学校中8人担任校长。教育援藏者最大年龄60岁，最小年龄23岁。701名专任教师中，具有中小学中级以上职称的人数为658名，占实际援派人数的84.14%；理科教师350人，占专

① 该数据资料由西藏教育厅提供。

任教师的49.93%，文科教师293人，占专任教师的41.80%，音体美教师32人，占专任教师的4.56%，其他教师26人，占专任教师的3.71%。[①]

“组团式”教育援藏的教师不仅直接扩充了当地教师队伍数量、提高了教学质量，这些援藏教师更以“传帮带”的形式，积极与当地教师互帮互助，促进了当地教师队伍的快速成长。各援藏团队和受援学校广泛开展师徒结对、新老结对、课程结对、专业结对、学科帮扶等，共结成944对师徒关系和互帮互学对子，援藏教育人才充分发挥“传帮带”作用，与当地教师共同备课、共同教研、共同制定教学计划，将先进的教育理念和方法毫无保留地分享给受援学校教师，促进了本地教师的快速成长。以昌都市为例，各受援学校通过“团队带团队”“专家带骨干”“师傅带徒弟”等方式，积极开展“一带一”“一带多”帮教活动，以“建设一支高水平、成梯次、成建制的本地教育人才骨干队伍”为目标，不断提升本地教师专业能力与素养。吉林省援藏团队则实施了援藏教育人才帮扶工程，每位援藏教育人才与2名在校教师结成帮扶对子，进行全方位指导。陕西省和河北省援藏教育人才则分成两个团队，到阿里地区改则县、日土县、札达县、措勤县等地区开展“送教下乡”活动，对当地中小学教师进行课堂教学方法培训，提升了教师课堂教学能力水平，向当地学生传授了学习方法。

三、重视教师培训，努力提高专业水平

第一，西藏自治区将教师培训视作提升教师专业技能、提高教师专业水平的重要途径，进一步完善了“国家级、自治区级、市地级、县区级、

---

① 该数据资料由西藏教育厅提供。

校本”五级教师培训体系，实施新一轮校长教师全员提升工程，2016—2017年，“国培计划”完成培训43361人次、“区培计划”完成培训3682人次，完成了该自治区249名市（地）、县（区）教育局长轮训工作。2016年成立了全区首批2个国家级、自治区级名校长工作室。2017年启动名教师、名校长培养工程，对自治区21名入选的名校长、优秀校长和60名入选的名教师、优秀教师开展了为期3年的个性化“双导师”制高端培训，培养打造了一批能够在基础教育领域发挥示范引领作用的优秀校长与骨干教师。2017年自治区首届中小学名校长、名教师论坛举办，推动基础教育阶段校长、教师学术交流，更好地推动促进了学校内涵发展和教育教学理念模式更新。此外，西藏自治区建立了自治区、市（地）、区（县）、学校四级中小学骨干教师梯队，以学校为基地，打造了许多优秀教师团队。如2017年评选出自治区级学科带头人44人、骨干教师286人、教学能手288人。①

第二，西藏自治区结合信息化建设，充分利用数字资源，全面开展教师信息技术应用能力培训和新入职教师岗前培训。首先，建立完善了教师培训绩效评估制度，依托第三方科研机构，开展年度教师培训绩效评估和质量分析，将评估结果作为遴选培训单位的重要依据，提升了教师培训质量。其次，加强了教师培训管理，进一步完善了教师培训月通报制度，启动不合格学员和问题学员召回制度。另外，依托信息平台，建立了自治区教师培训专家库，遴选一线优秀教师进入专家库，承担教师培训任务；地市、县亦建立了本级教师培训专家库，承担了本级教师培训任务。

第三，西藏自治区出台了相关政策，将教师培训与在职进修工作制度化，为教师培训工作的顺利开展保驾护航。如拉萨市制定出台了《推进义

① 该数据资料由西藏教育厅提供。

务教育学校校长教师交流轮岗实施方案》《关于加强拉萨市中小学实验教师队伍建设3年行动计划的实施意见》等文件，并组织选派了2864名教师参加校长园长领航班、“三科”研修等培训。同时，该市与西藏大学继续教育学院进行了密切合作，分三期对100名音乐教师进行了培训，对500名“三科”起始年级教师完成了全员轮训。此外，拉萨市又为市直各校和部分县区下拨教师培训专项经费共248万元，鼓励各学校开展县级和校本培训。①

四、提高待遇保障，解决教师后顾之忧

教师的待遇是教师安居乐业、潜心于教学的外在物质保障。马斯洛需求层次理论指出，生理需求是人的最基本需求。同样，提高教师的待遇与福利是满足教师生存需求、解决教师后顾之忧的重要手段与措施。

薪资待遇方面，西藏自治区依法确保教师工资水平不低于或高于当地公务员平均工资水平。积极协调财政部门落实教师超课时津贴、校长津贴、班主任津贴、德育教师补贴、寄宿制学校双岗教师岗位补助、生活补助，不断提升教师待遇。积极协调西藏自治区财政将教师住房公积金和社会保险纳入财政保障范畴，加大教职工“五险一金”自治区统筹力度，教师休假经费达到公务员相同标准。同时，自治区根据学校艰苦边远程度实行差别化生活补助标准，逐步形成了“越往基层、越是艰苦、待遇越高”的激励机制。2016年、2017年分别落实乡村教师生活补助资金1.69亿元、1.72亿元，人均月补助达832.78元。②

在周转房建设与使用方面，西藏自治区积极开展乡村教师周转房专项

① 该数据资料由拉萨市教育局提供。

② 该数据资料由西藏教育厅提供。

规划编制工作，加快实施高海拔艰苦边远地区乡村学校教师周转房建设，将符合条件的乡村教师统一纳入当地住房保障范围。逐步实现全区乡村学校“教工之家”全覆盖，鼓励有条件的乡村学校教师建设住房供暖工程和阳光走廊工程等。

在教师编制方面，西藏自治区积极核定教师编制，解决各地区教师编制紧缺的问题。拉萨市教育局以2016年、2017年西藏自治区编办的各市核增基础教育事业编制为契机，对该市教师实际超编、空编情况进行了调查与了解。同时该市按照西藏自治区新下达的2542名教师编制，完成了全市中小学教师编制重新调配方案报市编办审批，并定期进行实名制更新。

在教师业务能力提升方面，拉萨市2231名教师完成中初级职称业务考试和大练兵活动考试，686名教师完成高级职称业务考试，632名教师完成教育学、心理学考试，经教师资格证申报、审核，两年共办理365名教师的资格证。①

在教师评优方面，西藏自治区加大乡村教师表彰力度、设立乡村教师终身成就奖，2016年自治区首次表彰乡村教师从教25年终身成就奖317人、乡村教师从教20年荣誉奖978人。② 拉萨市在教师节以市委、市政府名义投入1200万元资金表彰180名优秀教师和13个优秀教师团队。同时利用9月师德建设月、教师节、“三大节日”前后，在电视台、电台、报刊、微信和网络平台上大力宣传教师们的优秀事迹。结合教师岗位技能大练兵活动，做好教学能手、骨干教师、学科带头人，“最强教师”和“教育明星、拉萨英才”的培养选拔工作。③

① 该数据资料由拉萨市教育局提供。

② 该数据资料由西藏自治区教育厅提供。

③ 该数据资料由拉萨市教育局提供。

五、注重师德师风，实施师德师风建设工程

我国历来重视教师队伍的师德师风建设，认为师德是以德治教的根本。在2017年8月召开的“全国教师教育振兴暨教师队伍建设工作会议”就做出了“要牢牢确立师德教育的首要地位。加强教师思想政治素质和师德养成教育，将‘四有好老师’‘四个引路人’和‘四个相统一’要求细化落实到教师教育课程之中”的重要指示。西藏自治区亦很重视教师队伍的师德师风建设，主要通过以下四个方面加强师德师风建设。

首先，针对师德师风建设制定出台了《中共西藏自治区教育工作委员会 西藏自治区教育厅关于建立健全师德师风建设长效机制的意见》（藏教工委〔2018〕3号），把师德师风作为评价教师队伍素质的第一标准，按照“四有”好老师和“四个引路人”要求，坚持“四个相统一”，大力实施师德师风建设工程。创新师德教育，将教师职业理想、职业道德、学术规范融入教师职前培养、职后培训和管理全过程，师范生培养开设师德教育课程，新任教师岗前培训开设师德教育专题，在职教师培训把师德教育作为重要内容、记入培训学分。

其次，规范化师德考核机制，利用信息化手段，从教师入职开始严格写实记录，建立个人师德档案，将师德表现作为教师资格认定、定期注册、业绩考核、职称评聘、评优奖励的首要条件，推行师德考核负面清单制度，实行师德表现“一票否决制”。

再次，强化师德监督，教育行政部门和学校建立健全师德年度评议制度、师德问题报告制度和师德舆情快速反应制度，及时研究加强和改进师德建设具体措施，搭建师德师风投诉举报平台，形成学生、家长和社会参与的师德师风监督体系。建立师德评价指标体系，对师德表现突出的，在特级教师、名教师评选和教师职称晋升等方面优先考虑。

最后，弘扬高尚师德，挖掘师德典型，讲好师德故事，加强引领，注重感召，形成强大正能量。在此过程中，西藏自治区涌现了以“全国教书育人楷模”普穷、“感动中国年度人物”格桑德吉、“最美乡村教师”宋玉刚、“最美教师”次仁索朗为代表的一大批教书育人模范，建设了一支政治素质过硬的教师队伍。

第三节　西藏自治区师资保障的困境与短板

西藏自治区在推进师资保障方面的成绩是有目共睹的，也是令人鼓舞的。但是由于当地特殊地理位置、经济社会发展状况不平衡以及部分领导重视不够和有些做法不妥等原因，目前依然存在诸多困难和问题，这对西藏自治区师资保障方面的发展起到了一定的副作用。为了更好地推进西藏自治区师资保障方面得到良好发展，很有必要重新审视现实中存在的困境和短板，本节主要针对调查中发现的问题进行了概括与总结。

一、教师招聘补充机制不科学

想要师资保障得到良好发展，首先需要从源头上进行解决，教师招聘就是一个重要的节点，只有建立科学的教师招聘机制，运用合理适当的招聘方式来筛选教师，才能形成高质量、优秀的师资团队。目前，西藏自治区的教师招聘补充机制存在一些不科学的问题，主要表现在两个方面。

一方面，考非所教，教师招聘考试内容不合理。据了解，西藏自治区教师招聘考试内容与公务员考试相同，相反，对教师专业能力的考核则未纳入初试环节，这使得音体美等专业性相对较强的教师很难通过考试。进而导致了“部分专业性较强的学科教师选拔不出来，而选拔出来的教师专业不对口”的现状。如林芝市2017年招聘的音乐教师毕业院校为西南大学思政学院、心理教师毕业院校为西南大学生物学院、体育教师毕业院校为西南大学历史学院。

另一方面，招非所需，教师招聘人员与实际中小学所需教师不符。目前，教师招聘考试的一般程序是：第一步，各个学校将各学科缺编名额上报到当地教育局；第二步，教育局统筹协调，将所缺教师人数上报到当地人社局，并由人社局发布教师人事需求，组织招聘考试；第三步，人社部门与教育部门依据各个学校教师缺编名额上报情况将层层筛选出来的教师分配到各个学校。但看似合理有序的程序却使各个学校怨声载道，这是由于实际教师招聘情况与各个学校人才需求之间的矛盾造成的，具体来说，是因为招聘来的教师无法满足各个学校的人才需求，比如，各个学校实际所需的是音体美教师，但实际招聘来的却是语文教师。但招聘来又不能不分配到各个学校，这就造成了各个学校教师“招非所需”的情况。某位校长说道：“我们向上级教育行政部门上报的是体育老师，但分配给我们的往往是主科老师，如语文老师，但体育也不能不教，只能让有这方面的兴趣或者一定基础的其他专业教师去上体育课了。”

二、教师队伍学科结构不合理

据调查，西藏自治区全区教师队伍学科结构不合理、学非所教的现象普遍存在，这种现象在理科教师队伍中显得尤为严重。以林芝市宜巴区中心小学为例（表4–1），该校9名数学教师中，竟然有7名教师所学专业不是数学，学校竟然将4名所学专业为汉语文或藏语文的教师安排为数学教师。这必然是导致学生理科成绩低的一个重要原因。一位受访教师也谈道:“西藏理科教师数量少、质量低的现象普遍存在，让语文教师去教数学，教师自己都学不明白，怎么能把学生教明白”。

表4–1　林芝市宜巴区中心小学教师学历结构统计表①

序号	所学专业	教授科目	序号	所学专业	教授科目	序号	所学专业	教授科目	序号	所学专业	教授科目
1	汉语	语文	10	汉语	数学	19	数学	数学	28	英语	藏文
2	汉语	数学	11	汉语	语文	20	普师	藏文	29	汉语	语文
3	汉语	数学	12	语文	藏语	21	藏文	语文	30	英语	英语
4	藏语	数学	13	汉语	语文	22	小学教育	数学	31	会计	数学
5	汉语	藏文	14	小学教育	藏文	23	藏文	藏文	32	英语	英语
6	汉语	语文	15	小学教育	藏文	24	语文	语文	33	信息技术	数学
7	数学	品德	16	数学	藏文	25	英语	英语	34	思想政治	英语
8	体育	体育	17	语文	藏文	26	汉语	数学	35	藏文	藏文
9	汉语	语文	18	信息技术	语文	27	数学	数学	36	体育	体育

① 该数据资料来源于林芝市宜巴区中心小学。

三、教师培训效率低下

教师的专业发展受到多方面因素的影响，不仅需要教师自身的反思和向其他优秀教师学习，而且参加培训也是不容忽视的一个方面。通过参加培训，能加强教师理论知识的底蕴，提升教师的专业素养，促进教师的快速成长。但是西藏自治区在教师培训这一方面存在一些欠缺，具体体现在以下几方面。

第一，培训内容没有针对性。培训内容不符合当地民族教育的教学实际，未加入专门知识的培训，且培训效果差[①]。具体表现为培训内容理论知识过多，没有加入民族特色的培训内容，因此，培训无法满足民族中小学教师的教学实践需要。大多数中小学教师反映，以往师资培训内容多以“教育与教学理论、教学方法与教学策略”为主，缺少民族知识、民族语言与文化、教学技能、教材教辅、学生管理等方面的知识。师资培训呈现“听时激动，听后不动”的状态，培训效果较差。此外，培训内容亦未能做到精准培训，据调查了解，县市一级教师培训需求主要为教学理论，村镇一级教师则为教学实践技能与学生管理方面的知识。但实际教师培训对受训教师需求没有进行了解预调查，这导致了教师培训效果不佳。

第二，授课方式仍有弊端。当地教师反映，教师培训的授课方式多以集中授课、听课评课、远程培训等形式进行。综而统之，多为“一讲到底”的模式，教师参与程度低。这必然导致培训学员上课走神、精神懈怠，进而影响培训效果，不利于教师专业发展。

第三，培训考核方法不科学。当前，西藏自治区中小学师资培训效果的检测主要依据三个指标：出勤率、作业与课堂表现、论文与试卷。但此

---

① 苏德，袁梅：《少数民族双语教育：机遇·挑战·策略》，《中国民族教育》，2015年1月。

三个指标无法全面、详细地反映培训学员的实际能力。这三个评价指标中最能评价师资培训效果的是论文与试卷，而这二者属于终结性评价，只能有效评估教师某一培训阶段的理论水平与教师的科研能力，无法有效评价教师实践教学技能与师德师风。

四、教师压力过大，部分教师出现职业倦怠

教师压力过大、职业倦怠凸显是部分西藏自治区教师长期存在的现象。一位教师说道："现在学校大多为寄宿制，我们每天要花费太多精力在管理学生身上，晚上睡觉都不敢脱衣服，而且白天还要给学生上课，学校放假还要留我们值班，我们自己还要评职称，我们感觉压力很大。"

五、援藏教师作用发挥不够

调研发现，教育人才组团式援藏工作取得一定阶段性成果的同时亦遇到了一些新的情况与问题，导致了援藏教师作用发挥不充分的局面。

（一）援派工作体制机制不畅，导致援藏教师队伍作用发挥不够。主要表现为以下两个方面：第一，选派人员质量参差不齐。由于部分援藏省市和部属高校未完全按照方案要求选派，有些甚至是为了完成任务选派，将刚参加工作不久、教学经验欠缺的教师选派为援藏教育人才，这常常导致援藏团队中高级职称人员选派比例较低，选派教师质量不高情况的出现。第二，退出机制不健全，选派教师作用发挥不充分。由于西藏地处高原，故而受外部客观环境与个体自身影响，援藏教师队伍中常常会出现教师身体不适应高原气候急需返回内地治疗的情况，但是由于没有相应的退出制度与措施的管理，现实中这些教师常会遇到两难境地：走也不是不

走也不是，这在一定程度给援藏团队的管理和工作带来了一定的压力和不便。

（二）援藏时限不统一，影响整体工作成效。教育部等四部委联合印发的《“组团式”教育人才援藏工作实施方案》规定“援藏教师在藏工作时间原则上三年一轮换”。但在实际执行过程中，受自然气候条件、个人职业发展、家庭等因素影响，各对口支援省（市）对政策理解执行不统一，援藏教育人才的援藏年限多种多样，援藏时间有半年、一年、一年半、两年、三年不等。经调查，在17个对口援藏省市中，目前只有7个省市达到援藏三年的年限。每年春季、秋季人员都在频繁轮换，学科教学无法有效衔接，学校教学和管理工作失去连续性，不符合学校教育教学周期和规律，在一定程度上影响了援派学校先进教育教学管理方法在受援学校的本土化效果和教育教学质量，且教育援藏干部、教师的轮换工作占用了援受双方教育部门大量人力、物力，较大程度上影响了“组团式”教育人才援藏工作整体成效。

（三）考评评价机制有待健全完善，导向作用发挥不明显。一是考核单位不明确。教育部等四部委联合印发《“组团式”教育人才援藏实施方案》明确考核工作“根据人员管理权限，由选派省市（单位）和受援地市教育部门共同组织实施”，但截至目前未明确由哪一级、哪个部门具体负责援藏团队考核和对受援学校、援藏管理人员的考核，对援藏教育人才发挥作用情况和徒弟跟学情况考核也存在空档。二是考核评价结果应用效能低。由于援藏教育人才人事关系在派出省份，西藏自治区对援藏教师的考核评价结果无法直接应用，这常常使得受援地区对教师的考核评价流于形式。

执笔者：袁梅、张良、仁增周旦

第五章 >>>>>

青海省师资保障的个案研究

党中央、国务院历来高度重视民族地区的教育发展。进入21世纪以来，国家通过实施西部地区“两基”攻坚计划、对口支援、定向招生等重大举措，推动民族地区的教育迈上了新台阶。义务教育是教育工作的重中之重，是国家必须保障的公益性事业，是脱贫攻坚的基础性事业。当前，我国正处于新型城镇化深入发展的关键时期，这对整体提升义务教育办学条件和教育质量提出了新诉求。同时，为深入贯彻落实党的十九大精神，造就党和人民满意的高素质专业化创新型教师队伍，落实立德树人根本任务，培养德智体美劳全面发展的社会主义建设者和接班人，全面提升国民素质和人力资源质量，加快教育现代化，建设教育强国，办好人民满意的教育，为决胜全面建成小康社会、赢得新时代中国特色社会主义伟大胜利、实现中华民族伟大复兴的中国梦奠定坚实基础，需要始终坚持“百年大计，教育为本；教育大计，教师为本”的基本方针。由此，民族地区中小学教师队伍质量的提升则成为民族教育研究中不可或缺的时代课题，民族地区中小学师资队伍的建设与发展是确保民族地区教育质量水平实现提升与超越的有效且必然地保障。近年来，青海省为保证中小学师资队伍良序、有效推进，制定并落实了诸多有益举措，从而确保了本地区教育质量水平一直保持着持续提升的势头，取得了长足的进步。但是，不可否认的是，青海地区中小学师资队伍在建设、发展、完善的进程中，依然阻隔重重，各种现实问题不断凸显，亟须适时解决。

第一节 青海省师资队伍保障建设的基本情况

青海省中小学师资队伍建设的现状与问题，不外乎要依靠以下两种主要的途径发现：一是通过调查，考察青海省在中小学教师队伍建设、发展过程中所实施的一系列宏观、中观及微观层次的政策执行效果；二是分析教师个体在整个职业生涯阶段依靠自身的主观资质、生理资质、功能性资质以完成自身职业使命的情况。因此，解决青海省中小学教师队伍建设中所面临的问题首先需要厘清以上问题，从而提出有针对性的对策建议。而追索本地区中小学教师队伍所处的经济社会与自然地理条件，有助于我们深入了解青海省中小学师资建设和发展问题。

一、青海省自然地理基本情况

青海省位于青藏高原，因境内的青海湖而得名，面积72.28万平方公里，全省平均海拔3000米以上。青海省与甘肃省、四川省、西藏自治区、新疆维吾尔自治区毗邻，是联结西藏自治区、新疆维吾尔自治区与内地的纽带，省会为西宁市。这里既有高原的广大、大漠的广袤，也有河谷的富庶和水乡的旖旎。青海省是全国少数民族人口比重最高的省，世居少数民族有藏族、回族、土族、撒拉族和蒙古族，其中土族和撒拉族为青海省独有。

2016年，青海省经济增长平稳。全省完成地区生产总值2572.5亿元，增长8%；全社会固定资产投资3533.2亿元，比上年增长10.9%；社会消费品零售总额767.3亿元，比上年增长11%。全年全省城镇新增就业人员6.35万人，比上年增加0.11万人；年末城镇登记失业率为3.1%，比上年末下降0.1个百分点。全年农牧区劳动力转移就业119万人次，比上年增加1万人次。全年全省全体居民人均可支配收入17302元，比上年增长9.4%。价格走势稳中趋缓，全年CPI涨幅1.8%，为近十年最低。[①] 2017年全省地区生产总值2642.80亿元，按可比价格计算，比上年增长7.3%。分产业看，第一产业产值238.41亿元，比上年增长4.9%；第二产业产值1180.38亿元，比上年增长7.2%；第三产业产值1224.01亿元，比上年增长7.9%。第一产业产值占全省地区生产总值的比重为9.0%，第二产业产值比重为44.7%，第三产业产值比重为46.3%。人均地区生产总值44348元，比上年增长6.4%。青海省是我国经济社会发展较为落后和贫困的省份之一，在我国各少数民族聚集的省份中，青海省的比例是比较高的。[②] 1999年，青海省贫困发生率在 9%以上；2003年，青海省的农村贫困发生率在 10%以上；2008 年，国家把低收入人口也纳入扶贫对象，收入在 1196元以下的贫困人口为 4007 万，全国贫困发生率为 4.7%，其中青海省为13.7%。[③]

① 何立峰主编.2017国家西部开发报告[M].杭州：浙江大学出版社，2017：187.

② 数据来源于青海省政府网。

③ 姚慧琴，任宗哲主编.中国西部经济发展报告（2010）[M].北京：社会科学文献出版社，2010：147 .

二、民族教育发展情况

2017年，青海省小学专任教师27319人，较上年增加911人，较上年增长3.45%；生师比由上年的17.34：1降至17.02：1，下降0.32；专任教师学历合格率99.95%，较上年提高0.01个百分点；专任教师中大专及以上学历教师占96.5%，较上年提高0.46个百分点。中学专任教师16074人，较上年减少97人，较上年减少0.6%；生师比由12.86：1降至12.8：1，下降0.06；专任教师学历合格率99.92%，较上年提高0.07个百分点；专任教师中本科及以上学历教师占83.4%，较上年提高2.11个百分点。[①] 截至2018年下半年，全省有民族中小学568所，其中小学494所，占全省小学总数的65.2%；中学74所，占全省中学总数的20%。在校生20.69万人，占全省总数的26.3%。其中，以双语授课一类模式为主的学生10.58万人，采用双语授课二类模式的学生9.87万人。相较于2017年，民族中小学数量和人数都有所增加。2017年度全省民族中小学557所，占全省中小学学校总数的49.34%。其中，民族小学437所，占小学学校数的57.65%；民族中学120所，占普通中学学校数的32.35%。小学少数民族净入学率99.63%，较上年提高0.06个百分点；毛入学率106.7%，较上年提高1.3个百分点；初中少数民族净入学率86.34%，较上年下降5.93个百分点；毛入学率106.3%，较上年提高7.19个百分点。[②]

三、调研点基本情况

2018年，调研地——共和县教育状况如下：适龄儿童入学率

① 数据来源于青海省教育厅政府网。

② 数据来源于青海省教育厅政府网。

99.96%，初中阶段入学率99.69%，16周岁初等义务教育完成率99.90%，18周岁初级中等义务教育完成率99.62%，征订中小学春秋季免费教科书36400套。安排义务教育保障经费3430.51万元，其中寄宿生生活补助2065.64万元、学生公用经费1364.87万元。县财政落实学生本子费48.8万元。落实义务教育三江源地区公用经费170.87万元，寄宿生生活费54.3万元；落实2012年考入普通高校农牧民学生就读奖励资金244万元；落实异地接受三江源地区教育补偿资金的中职学生奖补资金336.7万元；落实2013年营养改善资金425.1万元，按每生每月60元的标准发放了营养餐补助；完成了初中毕业暨升学考试及职业教育招生任务。选派512名教师接受了国家及省州级各类培训。实施教育土建项目工程23个，投资7282.8万元，建设校舍36490平方米，其中2012年续建项目3个；投资2343万元，新建校舍面积11558平方米，其中大部分项目已交付使用。①

第二节　青海省加强中小学教师队伍建设的措施和成效

党中央、国务院采取一系列政策措施推动民族教育的发展，经过各级各类政府部门的努力，青海省中小学教师队伍建设取得了显著成效，师资保障也逐步建立起较为完善的制度体系。

① 数据来源于青海省共和县教育局。

一、教师招录政策方面

教师数量上，一是不断增进教师编制，不断满足中小学教师数量需求。二是扩大招录范围，从本州县，扩大到省域乃至全国各地区（人才引进）的方式，多范围的、多种途径招录中小学教师。教师结构上，通过附加编制、增设专项编制的政策不断向熟练通晓国家语言文字的教师以及紧缺型理科教师人员倾斜岗位编制，以满足地区实际教育的需求。教师质量上，在招录政策中严格把关，严格要求，要求必须通过中小学教师资格证考试与相关专业考核。

二、教师职称评审制度方面

逐步完善《青海省中小学教师专业技术职称（职务）评价标准》，制定申报推荐工作方案，公布本单位申报推荐条件，通过个人申请，学校（单位）评聘委员会按照“好中选好，优中选优”推荐申报，逐级审核、组织评审等程序，实行总量控制，加大对一线教师特别是农牧区教师的倾斜力度，以此确保青海省中小学职称评定的顺利进行，保证中小学教师队伍建设的总体进展。

三、教师培训方面

第一，通过教师培训强化师德教育，逐步建立健全中小学教师师德建设长效机制。青海省要求各级教育部门和学校建立健全教师师德专题教育和日常师德教育制度、新教师岗前师德教育制度、班主任（六州专职政治辅导员）上岗师德教育制度，以逐步形成师德分级分类培训体系。省级负责高级职称教师和省级骨干教师的教育培训；市（州）级负责中级职称教师和市级、县级骨干教师的教育培训；县级针对当地教师师德教育中的薄弱环节组织全员培训，力图在整体上，造就一支爱国守法、爱岗敬业、关爱学生、教书育人、为人师表、终身学习、师德高尚的中小学教师队伍。第二，以培训促进教师专业发展。从全省范围来看，青海省通过各类培训，不断推动中小学教师队伍的专业化发展，逐步形成了一支质量合格、本土化的中小学教师队伍。第三，中小学教师工资待遇方面。青海省委、省政府十分重视包括牧区教师在内的基层干部职工工资福利待遇问题，坚持在政策上向基层和艰苦边远地区倾斜，在工资待遇上给予了特殊的关心和支持。近年来，按照国家的统一部署，结合青海省实际，不断深化机关事业单位工资收入分配制度改革，完善了艰苦边远地区津贴制度、规范和完善乡镇工作岗位补助制度、建立健全目标考核奖励机制、民族团结进步奖、增加冬季取暖费补助、落实国家高海拔折算工龄补贴、提高补充住房公积金计发比例、其他事业单位绩效工资制度等一系列工资政策，大幅度提高了基层特别是艰苦边远地区干部职工的收入水平，充分体现了青海省委、省政府对广大教职人员的关心和爱护。

第三节　青海省中小学教师队伍建设的挫折与困境

虽然在青海省各级各类政府部门和教育工作者持续不断的努力下，中小学师资队伍建设取得了长足的进步、积累了丰富的建设经验。但是，在发展过程中，青海省中小学教师队伍仍然面临着困难和挑战。在教师队伍建设所实施的制度保障与教师个体职业生涯成长的过程中滋生了一些问题。

一、民族地区中小学教师招录制度问题突出

1. 教师招录渠道狭窄

市区与县域单位之间教师招录不均衡问题较为突出。以青海省共和县为例，共和县每年招录教师的渠道一般只能通过教师招聘考试，常面临着所招专业不符实际情况，导致没有符合条件的人报考的难题。究其原因，一是，整个地区未形成完整的师资培养体系。目前，各类综合与专业性的大学，包括青海省内的各类大学所设置的学科、专业缺乏本地区实际所需要的相关专业。因此，无法满足，甚至培养不出本土化的专业师资人才。二是，即使某些大学配备了当地教学所需的相关师范专业。但是，师范生毕业后回到当地就职的人员少之又少，大多数毕业生源流往青海西宁市或者外地。在共和县的调研过程中发现，本县只有1名通过“人才引进”而来的心理学毕业研究生。因此，如何在各个学校设置心理咨询室以帮助解决学生的心理问题便是难上加难了。三是，教师进入编制只能通过考试，逢进必考，难度大，使得很多师范类毕业生转而寻求其他职业。四是特岗教师、三支一扶、义务支教、顶岗实习的教师很少有人愿意最终留在偏远的民族地区任教。况且，在他们工作期间，并不能得到与在编教师同等的待遇，尚未实现同工同酬，导致很多“非编制”的教师自然性流失。因此，窄化的入选渠道令更多优质的师源流失，从而影响了青海省教师队伍的整体质量。

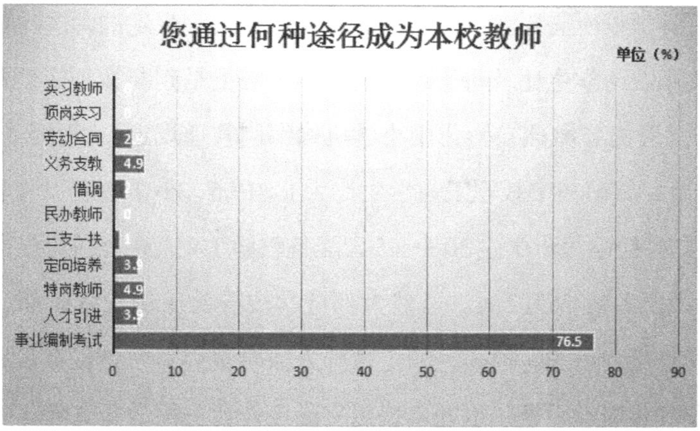

表 5-1　教师招聘途径

2. 教师招聘考试制度不合理，造成师资队伍保障矛盾迭起

首先，教师招聘数量上，实然与应然不对应。目前，青海省绝大部分地区都通过实行教师招聘考试的方式招收教师。教师招聘考试的一般程序是各个学校将各学科缺编名额上报到当地教育局，教育局统筹协调，将所缺教师人数上报到当地人社局，并由人社局发布教师人事需求，组织招聘考试。看似完整有序的流程，却给民族地区教师队伍的建设与保障带来持久且不易协调的问题。第一，执行与实施招聘程序的时间跨度较长。从发布教师招聘简章到新教师的录用，基本要持续半年的时间，这导致了新老教师队伍更替无法做到无缝衔接。第二，学校实际所需专业与最终录取、分配的教师专业往往无法相应。青海省很多学校通过招聘考试招收不到本学校真正需要的专业教师，尤其是音体美科目的教师。特别是民族地区的县城、乡镇地区。虽然，学校实际缺少音体美专业教师，但是上报缺编教师后，又会导致无人报考、编制空置的现象。因此，教育局在核定缺编教师时，为了保证教师数量，只能“隐而不报实际缺编专业”，转而上报主科（语数外）等专业编制。但是，自2012年关于核定教师编制的规定实

施以来，各学校所需要教师的应然数量要根据统一规定的师生比核算教师编制，教职工与学生比及每班配备的教职工数量是判断教师应然数量的重要指标。《青海省藏族自治州中小学机构编制管理规定》（青编委〔2013〕1号）提出，城镇初中教职工与学生比为1∶13.5，小学教职工与学生比为1∶17；农村初中每班学生30—45人配备教职工4人；农村小学每班学生25—40人配备教职工2人。虽然大部分学校按照比例配备教职工，原则上教师数量是合理的。但是，核定教师人数时很少考虑到班级设置、学科结构、寄宿管理等因素，也并未按照实际工作量分配教师名额。从而导致各学校教师数量在实际工作中严重不足，甚至有些教学点只有1—2名教师承担三个年级学生全部学科的教学任务，这造成了民族学校实际上的教师数量不足。

其次，教师年龄比例、性别比例失衡。自2001年新课程改革以来，青海省教师需求与日俱增，教师队伍日益急速扩充，特别是近年来，很多地区实施撤点并校措施，教师群体急速集中到城镇区域，从而在整体上奠定了某一地区教师总数多的基底。随着教师编制的饱和，教师编制核定标准的出台，教师准入准出机制的不完善，新老教师的更替、补充较为困难，从而导致学校新老教师比例失衡、老龄化现象比较严重。同时，调研发现，由于青海省地域经济社会状况、教师地位不高、教师待遇低下等原因，海南藏族自治州男教师数量在整体上少于女教师的数量。在共和县调研的500名中小学教师中，性别和年龄比例构成分别如图5-1、图5-2。

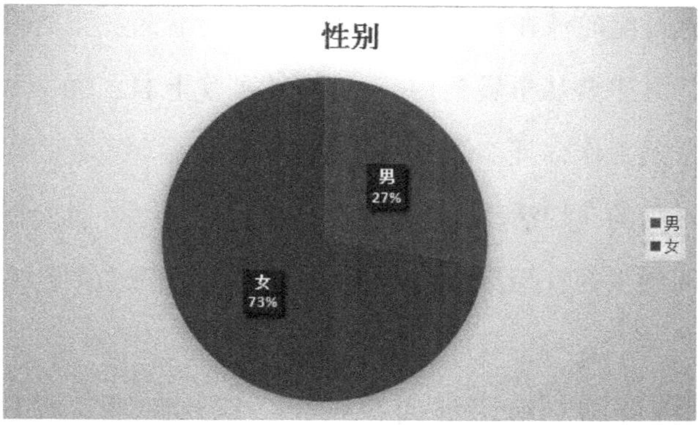

图 5-1　性别比例

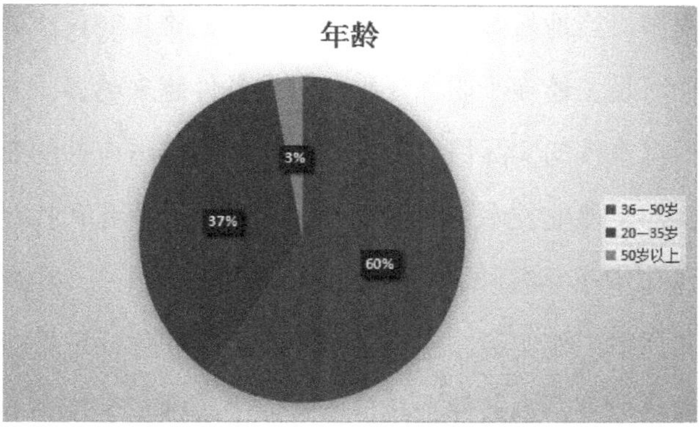

图 5-2　年龄比例

二、教学以外的工作繁重，增加教师职业倦怠感

青海省民族中小学基本上都是寄宿制学校。为了更好地保证学生在校期间的安全、满足学生在住宿期间的需求和所需的帮助，保证学生在校期间都能够有教师的管理和陪伴，寄宿制学校对教师提出了很高要求。教师在校期间的整个工作基本上都由一连串简单而又不失周密、详实的时间制度所指引。教师执行坐班制度，无课期间不准离开办公室。除此之外，早操、早晚自习要打卡、签到，学生晚自习后，教师要例行到宿舍查寝，同

时，还要几人一组轮流在校舍值班。如果简单地梳理一下寄宿制学校教师的上班时间，几乎要从早晨5：30一直持续到晚上11：00，每一个时间节点都有要完成的工作，且工作的内容日复一日，循环重复。在完全制度化的时间中，教师的一切活动几乎都要与学生工作有关，且所做的工作要在强制性的时间制度的管控与节制下完成，教师职业倦怠便会愈演愈烈。

三、职称评聘制度牵涉内容繁杂，增加教师工作压力

调研过程中，当地教师普遍反映职称评聘太难。究其原因，不仅仅是职称分配名额不足，还在于职称评聘的要求条件越来越多。与此同时，各个学校还会根据本校的实际情况，对申请条件做出适应性的变更。青海省根据国家人事部《专业技术资格评定办法》和人力资源和社会保障部、教育部《关于深化中小学教师职称制度改革的指导意见》，并结合青海省中小学教师职称评审工作实际，制定了中小学教师职称评审办法。三级教师的评审就要满足如下基本条件：具备专科或中等师范学校毕业学历，在中小学教育教学岗位见习满1年，任职期间平均每学年完成90学时继续教育培训，有些地区还要求取得人力资源部门颁发的计算机应用能力考试合格证书，师德和教学水平考核在合格等次以上（当然，落实在具体学校，由于大部分教师基本都能达到合格水平，就需要根据学生的考试成绩排名，以及“论资排辈”的现象就很普遍）。教师的访谈以及问卷调查显示教师最大的压力来源就是职称的评聘。由于学校的众多工作与内容都要和自己的职称评聘挂钩、划等号，诸如师德师风的培训、学生期中、期末、平时测验的考试成绩、学生宿舍卫生状况、出勤率、捐款项目、扶贫帮扶等一系列的内容都与教师职称的评聘相挂钩。同时，即使有许多教师各项条件都达标，还有论资排辈甚或是排队的现象，这些略显苛刻、种类繁多的评

审条件令教师压力重重。调研过程中大多数教师对于职称评聘的相关规则和制度持一般甚至不满意或反感的态度。这些职称评聘制度增加着教师的教学、生活压力。

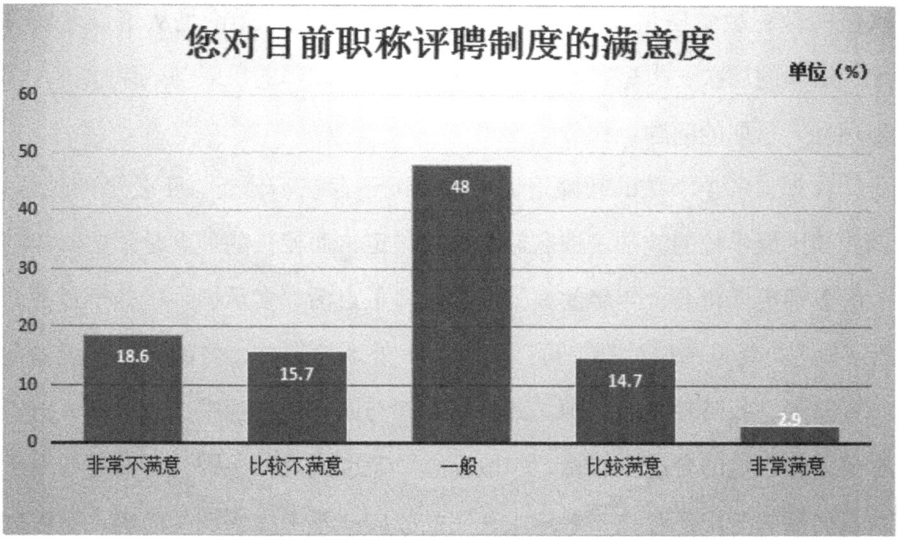

图 5–3　职称评聘制度的满意度

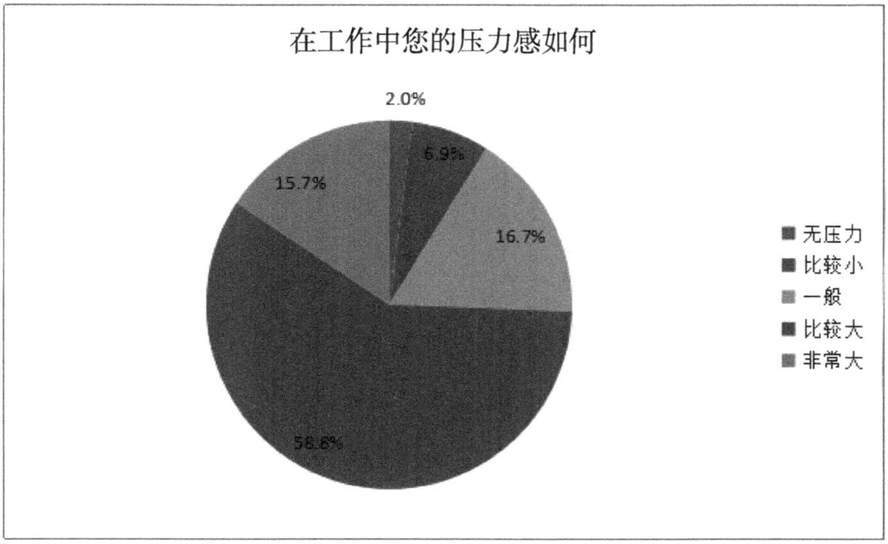

图 5–4　工作压力感受度

四、教师培训制度缺乏联动性，效果不佳

在职教师参与不同类型地培训，一定程度上可以促进教师专业水平（教育教学技能）的进步与提升，以及师德师风建设，从而提升整个教师队伍的教育教学质量。但是，就目前的培训而言，无论是从培训名额分配、培训的层次、类型、次数、质量和培训后教师的反映与效果而言，都还存有一系列的问题。

首先，各个学校的教师培训名额分配还存在不公正、不公平的现象。例如某民族学校的教师培训名额由校长敲定，而校长的理念是“要给年龄大的教师更多机会，年轻的教师在学校多干点活、多承担一些教学任务就行了”，尤其是国培计划，可以去外省、外地培训时，名额会更多地倾向于资格老、年龄较大的教师。此外，在参与调查的教师中，大多数人对于本校培训人员的分配方式持“一般满意”态度。究其原因，有的学校对于培训名额的分配还存在“平均主义”的倾向，不考虑培训的内容、等级以及教师的实际需求，而是按照次数轮流培训。在某一时期，轮到哪些教师，哪些教师就要按照流程参与培训。这同样是对培训名额的分配没有做到公正、公平、公开对待的案例。

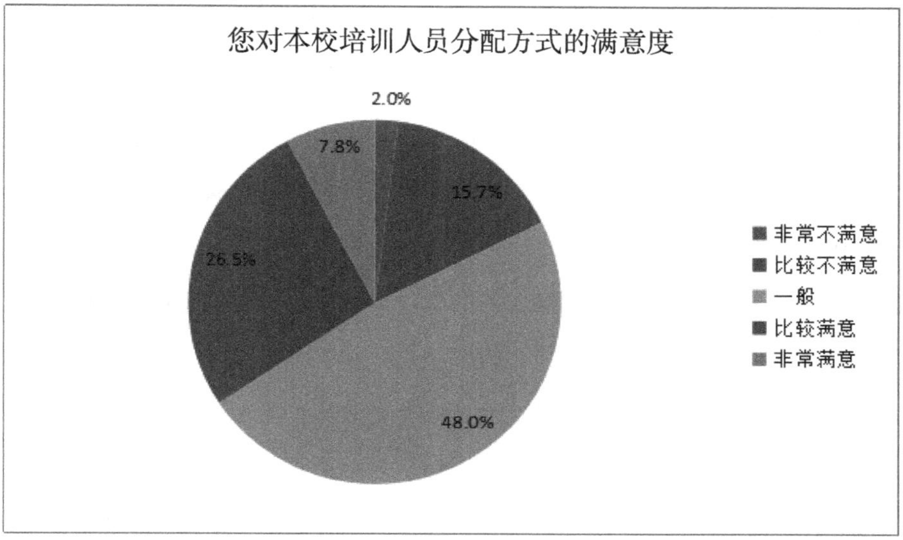

图 5-5　本校培训人员分配方式的满意度

其次，多级、多类型培训缺乏联动性。从培训的层次来看，虽然按照级别划分出来国培、省培、区培、县培、校培的培训层次，但是多级培训没有形成多级层次互联互动的联动效应。恰恰相反，各级培训层次基本保持各自独立，导致很多培训的内容存在着重合与交叉。同时相关培训也没有做到理论层次的培训和实践层次的培训的有效结合。例如在一所民族中学教师的访谈中，教师谈道："国家级培训高大上的理论，说得天花乱坠，我们听也听不懂，另外听完讲座回来，学到的东西在教学中用也用不上。"而一些本土化的培训又缺少理论的概括和总结，只是一些经验性的总结与分享。

再次，从培训的次数、类型而言，教师的培训名目繁多、次数多，教师无法兼顾。比如有按照培训时间划分的短期培训、中长期培训，按照培训类型划分的师德培训、教学基础知识培训、基本技能培训，以及教师研修能力培训、教师普法知识培训、教师网络安全培训等。另外，学校要按照要求开展教学反思研讨活动、课堂教学竞赛活动、网络公开课录制、岗位业务练兵、计算机水平等级培训等。因此，教师对于培训应接不暇。尤其民族寄宿制学校中的教师，工作的任务量本来繁重，培训还会挤占很多教师的休息时间。如果培训的时间在工作日，教师还要提前调好课，或是培训回来再将课时补齐。因此高强度、名目繁多的培训并不能收到预期的成效。我们可以发现，教师参加的培训种类比较多，一旦这些培训相对集中，势必会对教师造成压力和负担。

最后，培训效果的验收与检验方法有待改进。第一，培训的效果和质量缺少检验与评估机制。一般的培训都是自上而下的培训，培训的形式以专家讲座（类似于上大课）、参观、经验交流等线性方式进行，培训结束后缺少对后期培训效果的持续追踪与检验，很少有对培训效果的追踪与反馈。其二，参培学校对教师培训效能缺乏良好的评价指标，对于参培的学校而言，他们只是起到培训信息传播与遴选培训人员的作用，而未能发挥其应有的监督、督促功能。对于参加培训的教师，所学习的、所获得的内容无法掌控，仅是要求教师提供培训心得，亦或是通过几节公开课展示自己所学。其三，对于参与培训的教师的影响，大部分教师并不重视培训对自身专业发展的作用。一些教师认为“校外培训就当是放松去了，顺便多看看外面的世界”，还有一些教师认为“国培计划、省培计划的培训理论确实是好的、新的，当时听了也很受启发，然而回到自己这个相对落后的教学区域，也尝试过某些新的理念和方法，但是最终都以失败告终”。从以下的统计数据中不难发现，对于培训的效果而言，很多教师认为“培训效果一般”，这在一定程度上说明，培训的内容和方法还有许多需要改进的地方。

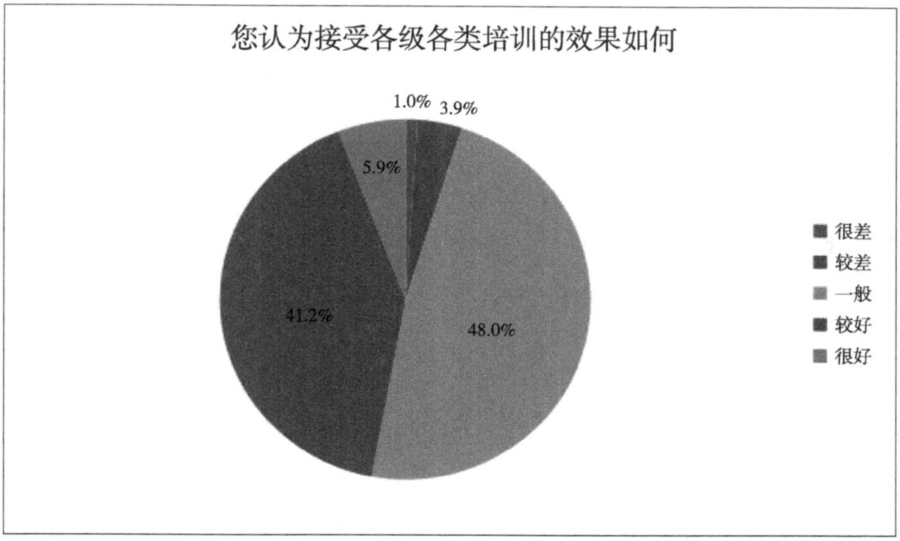

图 5-6　培训效果

五、教师附加职责、形式化任务过多

首先，民族地区的民族学校大多是寄宿制学校，寄宿制的学生大都来源于周边的农牧区家庭。由于学生离家路途较远，为了减轻农牧区家庭的经济负担、保证教学的工作进度与工作质量，当地寄宿制的民族学校大都实行11天一次的月假制度。因此，在校期间，学生的安全问题便落实到了每一位教师的身上，这就大大增加了教师的工作难度与工作量。

其次，寄宿制民族学校由于实行封闭式管理，学生课余时间要求要基本能做到全员参与课外活动，而学校由于缺乏专业的课外活动与专业化的生活教师，因此学生兴趣活动小组的指导教师依旧需要任课教师担任，这无疑又增加了教师的工作量。同时调查中发现，有很多的兴趣小组并未落实，只是作为应对外部检查的展示。

最后，教师经常性地面临抽检任务。其一，要随同学校应对外部的各种检查与视察。例如某某调研团、某某行政团、某某学习团队、某某支教团。尤其是稍有特色的民族学校，常常面临“考察团队”经常性的到访。其二，应对学校内部的各项检查，包括教育教学工作执行情况、教学工作量、手写教案、参与无关教学的会议。故此，形式化的内容挤占了教师的空间和时间，影响了教师的专业化发展。

执笔者：国建文、袁梅

第六章 >>>>

国外师资保障的成功经验

区域教育发展失衡是世界各国普遍存在的现实问题，各国政府也都在积极采取措施，致力于推进区域教育的均衡发展。缩小区域教育差距、促进教育均衡发展必须要均衡配置教育资源，而师资作为教育人力资源的核心是教育资源均衡配置的关键所在。因此，世界各国在推进基础教育均衡发展的过程中，均注重对落后偏远地区或薄弱学校的师资进行培养与宏观调控。通过研究、总结和借鉴芬兰、美国、日本等教育发达国家师资培养与均衡配置政策的相关经验，可以为我国少数民族地区师资保障提供一些启示。

第一节　芬兰基础教育的均衡发展

教育均衡是国际社会普遍关注的教育热点。芬兰因拥有全球最为均衡的教育体制，成为许多国家教育团队来“取经”的“朝拜圣地”。21世纪以来，芬兰的基础教育连续3次在经济合作与发展组织（OECD）承担实施的国际学生评估项目（PISA）中夺得首位，芬兰学生的骄人成绩赢得了全球赞誉。PISA测试表明，芬兰学生的阅读素养、数学素养、科学素养以及解决问题能力较强，而且学校间、地区间的学生成绩差异明显小于其他国家。其成功的一个原因在于，对教育不利群体的基础教育采取了积极措施，包括预备教育、补救教学和特殊教育等，维护了教育公平。此外，芬兰还进行了一系列教育改革，尤其是对教师教育改革，使芬兰教育得到快速且均衡的发展，一跃成为21世纪的教育奇迹。

芬兰基础教育的均衡发展离不开国家对科教兴国的重视、社会对教育事业的支持，更离不开其卓越的教师队伍建设，尤其是特殊和弱势地区的教育资源保障机制。主要表现为：师资建设方面，高标准、专业化的师资队伍是保证基础教育均衡发展的重要资源；经费投入方面，中央财政是保障地方教育公平的前提；办学条件方面，教育信息化的全面普及弥补了教育资源的不平衡。我国十分重视教育公平，并颁布了相关法律法规及政策保障民族地区教育的发展，但是由于众多因素民族地区教育资源配置上依旧存在很大的不足，尤其是师资分布不均衡。因此，芬兰的教育经验可为我国少数民族基础教育改革提供启示，有助于解决我国目前民族地区的师资保障问题。

一、高质量的师资队伍建设

教育发展的地区不平衡主要是因为教育资源分布的不均衡，而教师作为主要的教育资源，对教育发展的质量起决定性作用，是促进教育公平的关键所在。芬兰成功、优质的基础教育主要归功于其独具特色的教师培养体系，通过专业的职前和职后教育，芬兰打造了一支卓越的教师队伍。

1.教师的专业化培养

优质的教师首先意味着其具有卓越的专业素质。芬兰认为，教师专业化的特征主要表现为：“强调长时间的系统培训，掌握专门的知识和技能；拥有自己的专业伦理；有一定的专业自主性，强调工作的智力性实践和在实践中不断学习的需要；重视专业团体对工作质量和不断学习的监控；强调严格控制入职标准等等。”[①]

首先，芬兰认为严格的教师准入制度是优质教师培养的前提，也是教师教育质量的重要保障。选拔具有教师专业潜质的人进行培养，就是教师教育专业性的体现。[②]教师所面对的学生是存在个体差异的未成熟的人，因此，教师不仅要教授学生知识，还要帮助他们成为身心健康的合格的人。教育实践的复杂性要求教师不仅要有广博的知识、高明的教育智慧，还要有健康的人格、专业的心理素质以及适合教师职业的潜质。芬兰的职前教师准入条件是非常严格的，对于教师申请者的甄选，不仅对其进行学习成绩等智力因素的考核，也要对其非智力因素进行评价，如职业性向测试和心理测试等。在芬兰，想要成为一名教师必须通过两个阶段的考核，第一个阶段是教育系统的联合会考，主要测试师范生的阅读能力、常识以及个人的观点想法等。通过第一阶段的考核方可进入第二阶段的测试。第二阶段包括心理测试和面试，主要了解师范生的信念、动机，是否具有做教师的心理素质等。如此严格的准入制度，不仅保证了芬兰毕业的师范生具备扎实的专业基础知识和专业能力，而且也使选拔出来的教师真正热爱教育事业，从而保障了预备教师的质量。

其次，高标准的学历要求也在一定程度上确保了教师起点的质量。20世纪80年代以来，芬兰政府延长了师范生的培养层次和培养年限。芬兰的《基础教育法》规定，基础教育教师必须具有硕士及以上学历，且必须获得教师资格证书，才有资格申请教师职位。在学习和教学实践中，教师要具备研究、诊断和反思等教师素养。《教育人员资格学位修正案》规定，

---

① 郭志明.美国教师专业规范历史研究[M].北京：中国社会科学出版社，2004.

② 何菊玲，杨洁.他山之石：国际卓越教师培养之成功经验[J].陕西师范大学学报（哲学社会科学版），2018，47（1）：162-169.

从1999年起，所有的中小学教师均需具备硕士学位方可任教。① 小学教师必须读完三年本科和两年硕士，其间每年都有几个月的实习。第一年是初始实习阶段，主要是让师范生进入教学现场、观察学生的学习情境，熟悉教学环节。第二至三年为基础实习阶段，师范生进入合作院校进行教学实践，要求以学生为中心进行各科教学，并作出自我目标实现规划。第四至五年是进阶实习阶段，师范生到合作院校进一步学习学科教学，并开始处理班级事务。这三个阶段的训练有助于促进师范生将教学理论与实践相结合。经过学校全面的学习与训练，再进行筛选，确保了所选拔教师的高质量，也使分配到全国各地的教师受教育程度尽量均衡，教学水平没有差别，保证了不同地区学校师资投入的公平。

2. 教师的多元化培训

芬兰的少数民族群体包括传统的少数民族和移民。② 自从加入欧盟，芬兰实行了宽松的移民政策，移民数量大幅增长，学校学生经历着民族、语言的多样性发展。随之芬兰开始实施移民教育，国家及地方政府和学校都在政策和实践上努力为移民学生提供良好的教育，以保证教育公平。移民背景的多样化给芬兰的传统教师教育带来了巨大的挑战。为了适应21世纪的需要，使移民享有与芬兰本土民族同样的优质教育资源，政府采取了一系列师资建设措施，重点增加移民教育的教师数量，尤其是具有相同移民背景的教师。同时，芬兰也十分重视移民族教育教师的在职培训。教育部拟定了教师培训计划书重点关照了对国际教师和移民背景教师的培训，以使教师懂得如何对移民学生进行培育，有思考和规划出适合移民学生教学的能力。培训内容主要包括两个方面：一是，师资培育课程中纳入

① 张国平.芬兰基础教育中的教育平等归因分析[J].学周刊：A，2011（1）：5-6.

② 赖小琴.芬兰少数民族基础教育的措施及挑战[G]//张诗亚主编.和谐共生：2007年全国博士生（教育类）学术论坛论文集.桂林：广西师范大学出版社，2008：7.

跨文化课程，使教师关心跨文化的知识和社会平等，课程包括语言与沟通、伦理学等。二是，雇佣更多不同文化背景的教师。随着移民学生的增多，文化也越来越丰富，来自不同文化背景的未来教师在师资培训中越来越多，这将大大提升师资培训成效"①。此外，芬兰移民局专门为教师提供了"教育包"（The Educational Package）。该"教育包"包括72页的教师指导，内容有芬兰的移民历史、欧洲的移民政策、欧盟的介绍及欧盟范围内的人员自由流动情况、专门针对移民学生的教育策略②。"教育包"的提供可以帮助芬兰教师更好更迅速地了解移民文化和政策，促进移民教育的专业化和本土化，从而有效提供高质量的移民教育。这正是芬兰的教育理念——高质量的师资是教育成功的基石。

此外，芬兰政府还重视对特殊学生群体的教育，要求教师重视有特殊需求的学生，组织个性化教学辅导团队。特殊需要教师（Special needs Teacher），职责主要是对语言（芬兰语和瑞典语）学习有问题的儿童提供特别辅导。为此，这些教师还要多接受一年针对各种学习问题和特殊教育方面的专业训练。③ 芬兰政府要求教师掌握多种专门的教学技能，以满足不同学生的特殊教育需求。特殊教师的个性化教学辅导团队是芬兰促进基础教育公平的重要措施，芬兰的教师在职培训中规定了"对教师研究分析能力的培养、研究分析学生的特殊问题或需求的能力训练，使得教师能够因材施教，满足不同学生对学习的需要，让学生能够最大限度地发挥自

① 陶梦云，刘义兵.芬兰基础教育均衡发展归因分析[J].现代中小学教育，2015（12）：126-130.

② Educational Packages [EB/OL].（2016-06-13）.http：//www.Migrationinstitute.fi/en/information-service/teachingpackage.

③ 胡锋吉.均衡、多元和信任：芬兰的教育文化[J].外国中小学教育，2013（4）：7-10.

身的优势”[①]。因此，芬兰的特殊需求教师具备“诊断学生需求”的优秀能力，能及时、准确地掌握不同种族学生因文化差异而导致学习落后的特殊教育需求，从而巧妙地采取早期干预措施。

由此可见，芬兰注重教师的多元化培训，注重对具有不同背景教师的培训，比如对移民背景教师和特殊教育教师的选拔与培训。放眼国内，有学者提出“政策目标要更加关注本土性，寻找适合乡村教师专业化成长之路”[②]，这同样适切于我国民族地区教育师资队伍建设，民族地区教师的发展离不开具体的民族教育情境。这是一个明智的切入点，因为他们具有本民族文化的敏感性，更懂得如何教育本民族学生，更有能力去思考和规划出适合本民族学生的教学。

二、中央财政投入的优先保障

芬兰政府重视教育，尤其大力支持偏远贫困地区教育，中央和地方政府共同提供充足的教育经费，为贫困地区教育资源提供了财政保障。中央政府根据各地区经济发展和财政收入的不同情况，把全国按照地区的人均GDP水平划分成10个等级，不同的等级给予不同比例的资助，实行“贫困地区多助，富裕地区寡助”的原则。通过资金调节不同地区的经济差距，使地方的教育发展不被当地经济条件所限制，从而使各地区的教育保持均衡发展，一定程度上保证了偏远贫困地区教育的发展[③]。政府通过财

① 陶梦云，刘义兵.芬兰基础教育均衡发展归因分析[J].现代中小学教育，2015（12）：126–130.

② 石连海，田小苗.我国乡村教师队伍建设政策的发展与创新[J].教育研究，2018（9）：149–153.

③ 贾缓.芬兰基础教育资源均衡配置及其对我国的启示[J].现代中小学教育，2016，32（07）：119–122.

政支持提高学校的教育条件，具体表现为“为学校提供大量的经费进行硬件设施的建设和进行高质量教师的培养，以此来改善教育质量并促进教育发展的均衡分布”[①]。芬兰师资队伍建设和培养经费主要出自国家和地方财政。芬兰大学实行免费教育，高校学生的一切费用由政府买单，高等学校中的教师教育专业也不例外。在教师专业化发展上，国家财政为教师的培养和培训提供主要的经费保障，在此基础上，芬兰政府还计划进一步立法促进地方政府对教师专业发展的经费投入，为每一位教师的专业发展提供支持。[②]

三、教育信息化的全面普及

1. 学校共享信息化教学资源

芬兰的国家网络覆盖率非常高，有着发达的信息基础设施。为了使信息技术走进学校，政府对学校进行了信息基础设施的普及。然而，就地区而言，虽然芬兰的信息化普及率非常高，但是由于地理、经济、交通等条件的限制，芬兰城乡学校间的信息技术发展仍存在一定的差距。为了缩小这种差距，促进城乡教育基础设施的均衡配置，政府采取了一系列措施，如对信息技术设备进行回收和再利用。政府从大学或相关企业招募了一批志愿者，对回收回来的旧设备进行更新或维修等，然后再把它们赠送给欠发达地区的学校，这样既节约了资金和资源，又扶持了欠发达地区学校信息技术的发展。同时，通过全国发达的学校网络覆盖，教师们组成了网上教师专业协会，这为教师们提供了很好的合作学习机会。全国各地的教师

① 皮拥军.OECD国家推进教育公平的典范：韩国和芬兰[J].比较教育研究，2007（2）：6–10.

② 孙百才.发达国家如何投入师资建设[J].辽宁教育，2013（02）：95.

都可以在此平台上分享自己的教学经验或者向其他教师学习，这一平台促进了教师智慧不受时空限制地流动，让教育智慧传播于每一个学校。此外，芬兰还创建了“虚拟学校”，学生可以在“虚拟学校”里打破时空限制选择自己喜欢的课程，通过信息技术不仅可以在课堂内外利用教学资源，也可以在校际间分享学习资源。学校的网络普及化，为不同地区的师生提供均衡优质的教育资源，有利于促进全国教学的开放与公平，使偏远地区的学生同样享受到便利的学习资源。

2. 图书馆网络化的普及

图书馆是公民获取文化知识的重要场所，也是芬兰全民教育成功的有力保障，完善的图书馆网络化服务系统是芬兰健全师资保障的重要补充。芬兰是世界上图书馆密度最大的国家之一，图书馆人均占有比例居世界首位，也是图书馆利用率最高的国家。芬兰全国有900多个公共图书馆和200多个流动图书馆，这些流动图书馆定期到指定学校进行免费服务，从而使大量的信息资源惠及全国各地，有效地促进教育资源的合理流动。芬兰有完善的图书馆网络化服务，读者在某个图书馆借书可以到其他图书馆还书，图书资源不受地域和馆藏限制。[①] 同时，通过图书馆的网络服务系统可以足不出户就搜索到需要的资料。芬兰图书馆的普及和完善的网络服务，使偏远地区学生也可获得同样的阅读资源及阅读机会，弥补了城乡教育资源的差距。

3. 城乡学校设施标准化

芬兰十分重视教育设施的标准化，城乡学校设施条件均较为优质。无论是发达城市地区，还是偏远乡村以及少数族裔聚居的地区，学校的设施一应俱全，学校发展相对均衡。其中重要原因在于，芬兰经济高度发达，

① 贾缓.芬兰基础教育资源均衡配置及其对我国的启示[J].现代中小学教育，2016，32（07）：119–122.

为教育的发展提供了物质基础，再加上国家对教育的重视，政府对教育的资金投入也非常大。此外芬兰一直倡导教育公平，并真正把这一理念落实到具体教育行为中。政府致力于将每一所学校都打造成最好的学校，不同区域、城乡间学校的差别是非常小的，教育资源相对均衡。由于不同地区的学校拥有同样标准化的设施，没有资源配置上的差别，在一定程度上满足了教师对物质资源的需求，因此教师更能够“走下去，留下来”，忠于自己的工作岗位，减小了教师的流动性。

综上所述，芬兰成功的教育经验，对我国民族地区师资保障问题具有一定的启发。首先，政府要贯彻教育资源均衡的理念，芬兰的成功很大程度上归功于其倡导的教育公平理念。我国民族地区教育与发达地区相比存在一定差距。政府作为资源的调控者，要意识到教育资源尤其是师资均衡配置的重要性，并制定相关政策，扶持民族地区师资队伍建设，缩小区域间教育差距。例如，加强优质师资的均衡配置，使分配到民族地区的教师拥有和发达地区一样的受教育程度和教学水平，从而确保不同地区师资投入的公平性；加强对民族地区学校的经费投入，提高学校的教育条件，进行高质量教师的培养，促进师资保障和教育发展。其次，加强高质量师资队伍建设，近年来虽然政府积极促进民族地区师资队伍质量的提升，但依旧存在教师专业性发展不高的问题。因此，政府制定了一些积极的政策促进教师的专业化发展，例如延长师范生培养年限，提高教师学历水平；开展教师的多元化培训，侧重选拔具有民族背景的教师或向教师提供相关民族文化培训，促进教师专业化。最后，对贫困、偏远的民族地区采取教育投资倾斜的策略，完善薄弱地区的教育设施，提升学校的办学水平。例如，通过不同地区学校资源配置，满足民族地区教师的物质资源和教学需求。

第二节　多元文化背景下美国的教师队伍建设

美国各州在经济、文化等方面的发展不平衡决定了它们在基础教育水平上也存在巨大差异。美国是一个多民族、多种族的国家，由于历史原因，美国的少数族裔教育一直处于劣势，对黑人实行的“隔离教育”就是一个例证。在具有歧视性、地方性、选择性的教育环境下，美国基础教育师资队伍必然凸显出非均衡性。生活在美国的黑人、少数民族、移民等少数族裔一直缺少高质量、稳定和适合从事多元化教育的教师，这导致这些群体长期以来未能享受到优质合适的教育。[①]

美国教育界认为，教师队伍的建设是影响学生学习质量的最主要的因素，学生的素质高低与教师的有效性成正比。因此，针对美国低收入家庭和少数族裔学生密集的学区往往教师流动性强、有效教师的数量少，且存在大量没有教师资格证或教学经验严重不足的非专业教师等教育问题，[②] 20世纪中期，美国将师资队伍建设作为基础教育改革的重要内容，通过对多元化背景下的美国教师教育改革，使教师具备多元文化知识和多元文化教育能力，保证不同阶级、族裔和背景的学生可以接受平等、公正

① 孔凡琴,邓涛.日、美、法三国基础教育师资配置均衡化的实践与经验[J].外国教育研究，2007（10）：23-27.

② 孙曼丽，洪明.美国中小学新教师质量保障体系改革新动向[J].比较教育研究，2018（10）：76-83.

的教育。

一、扩大招募多样性教师的规模

随着美国人口构成日益多元化，具有不同文化背景的教师需求量越来越大，美国对师资队伍构成多元化的呼声也越来越高。美国政府十分重视对弱势群体和教育薄弱地区的“师资补偿”，并逐步将其落实到对少数民族地区和偏远农村地区的师资配置中去。

首先，美国致力于为少数族裔学生配置一支数量充足、质量优良的师资队伍。为了增加少数族裔教师的数量，美国制定了许多教师招聘计划和项目，招聘和留任了一批优秀的少数族裔教师。一方面，针对少数族裔学生对教育的特殊需求，在教育实践中美国加大对少数民族教师的培养，积极扩大师范生队伍中少数民族教师培养的比例。例如，美国的少数民族师资培训奖学金计划，主要用来资助那些想做教师但是又缺少机会的少数族裔学生，使其能够通过奖学金的资助完成课程并成为教师。另一方面，由于少数族裔教师具有跨文化交流的敏感性，因此在少数民族学生聚居的地区，当地学校越来越多地聘用一些与民族学生具有相似文化背景的教师进行教学，政府积极培养与招聘具有一定民族、种族、文化背景的教育人员，并将其分配到教师队伍和教育科研机构中去。[①] 目前，社区学院制定了诸多教师培养计划，这些计划扩大了招募教师的数量，特别是扩大了少数族裔教师的规模。[②] 总之，通过对民族地区教育上的师资补偿等相关措施，美国有效地保障了少数民族地区师资队伍的建设，缩小了处境不利的民族学生群体与其他群体的师资差距。

---

① 孔凡琴. 基础教育师资配置均衡化的国际比较研究 [D]. 东北师范大学，2008.

② 严丹丹. 多元文化背景下美国教师教育研究 [D]. 上海师范大学，2018.

其次，美国农村地区学校普遍存在师资不足的问题。据调查显示，美国农村地区的学校均存在着不同程度的师资短缺问题，教师数量不能满足教育教学的需要。由于教师短缺，很多教师同时教多个学科课程，一方面增加了教师的教学压力，另一方面也导致了学科教学质量下降。针对师资不足的问题，政府首先采取一系列在校大学生优惠政策，吸引优秀大学生毕业后到农村中小学任教。2010年，联邦政府发布了《改革蓝图》的远景规划。确定联邦政府每年投入10亿美元，实施免费师范生教育，为教师缺编地区定向培养师资"。同时，设立"教师服务奖学金"，鼓励优秀大学生从事教学工作。此外，美国相关教育管理和研究机构还提出了"自我成长计划"。这一项目面向有天赋且有意愿从教的在校大学生，通过提供定向指导或相关选修课程，以及奖学金或贷款代偿项目，帮助教师获得教师资格证书后回到家乡任教。① 为加强农村师资队伍建设，各州陆续出台了多项政策来提高农村教师数量和质量。为吸引优秀大学生到农村地区任教，一些州也对在校大学生提供减免学杂费和设立教师奖学金的政策，一些学区为到农村工作的教师提供学生贷款免还政策、招聘奖金项目和住房援助项目等。②

此外，很多州都实行了回聘退休教师的政策，再次聘回部分优秀教师，一定程度上缓解了教师数量短缺的压力。

二、开发多元文化师资培养课程

多元文化意识是教师顺利开展教学工作的关键。具备多元文化意识，

① 王正清.国外促进城乡学校师资均衡配置的政策与举措[J].现代中小学教育，2015（1）：105-108.

② 单卫静,孙龙存.美国农村初等教育现状及启示[J].新课程（下），2015（06）：38-39.

教师才能充分认识和理解少数族裔的多样性文化，并帮助学生获得在多元文化社会生活的知识和能力，从而快速适应未来社会的学习和生活。但是，仍有一部分教师认为，多元文化教育只是“教授少数民族的一些历史文化内容”，而没有认识到多元文化教育是一种理念，是要让所有学生接受平等的教育，是要帮助教育处境不利的群体发展更为积极的态度以及文化价值取向①。由此可见，美国多元文化教师的培养目标是发展多元文化的知识基础、形成多元文化的意识和态度，以及教授多元文化的教学技能。只有了解多元文化教育内涵、理论基础和相关教学法，并通过教学实习形成教授不同背景学生的必备技能，才能顺利地实施教育教学，这些是教师专业发展的有力保障。

根据多元文化教学需求，政府和学校主张设计多元文化教育课程，将多元文化概念融入课程内容，并将原有课程内容与多元文化教学内容加以整合，教师教育的课程内容与学生的多元文化背景结合起来，这对多元文化教师教育发展有重要价值。多元文化教师教育课程的实施主要包括三个阶段：第一，知识学习阶段。该阶段要求未来教师掌握学习计划中规定的各科专业知识，包括多元文化教育、多元文化的教育哲学、多元文化教育与人类关系等。第二，教学见习阶段。该阶段教师实习要和学习多元文化知识结合起来，并有到多元文化背景的学校学习的机会。第三，教学实习阶段。重视教学实践，有利于提升师范生专业素质，增强其未来从事多元文化教育的适应能力。近年来，多元文化教师教育的实践性趋势逐渐明显。只有在真正的教学环境中，未来教师才可能把教育理论与实践紧密结合，把课堂中所学的理论运用到实际教学中，从而提升其针对不同族裔学生的教学成效。真实的教学实践有助于培养教师的多元文化意识，提高多

① 张学强，富婷.面向多元文化教育的教师——美国的经验及其启示[J].外国教育研究，2009，36（3）：22-27.

元文化的教学技能，培养未来教师的国际视野。目前，主要的教师实习途径包括中小学实地实习、基于社区的服务性学习和国际教学实习。其中，国际教学实习主要通过学习语言类知识、参与多样性项目等途径使自己融入当地生活环境去；让未来教师在不同的国家参加教学实习，得到多样化的实习经历，对拓宽其眼界、提高多元文化教学能力，发展其国际意识、跨文化教学能力有重要的意义①。

由此可见，多元文化师资培养的基础课程，致力于发展未来教师的多元文化性，促进其理解和学习如何面对学生的多元性；而教育实习，通过增加到多元文化背景学校进行学习和实践的机会，可以增加师范生对多元文化教学的理解和运用。② 这些课程有利于提高师范生的多元文化理解力和跨文化教学的能力，为其走向工作岗位后正确引导和教育不同民族背景学生奠定坚实的专业基础。

三、加强少数族裔教师的培养

近年来，随着大量移民涌入美国，美国学校中学生的组成呈多元化趋势，少数民族学生的比例也越来越高。研究表明，当教师和学生属同一民族（种族）或拥有相似文化背景时，可取得更好的教学和学习效果。这主要因为少数民族教师在民族教育中有先天的优越性，不仅可以与学生更好地沟通，也更容易与学生家长进行交流，从而引导家长参与学校工作和学生成长。虽然少数民族教师需求越来越高，但由于长期存在的种族歧视，少数民族教师的地位和数量均令人堪忧。事实上，在加利福尼亚、夏威

① Holly M.Pence.The Impact of an International Field Experiences [J].Teaching and Teacher Education，2008（24）：14–15.

② 王海莹，谭菲.多元文化视域中的教师培训路径[J].中国民族教育，2010（05）：16–18.

夷、路易斯安那、密西西比、新墨西哥和得克萨斯这几个州的学校里，少数族裔学生的数量已经超过白人学生。[①] 但是，大约 40%的公立学校没有少数民族教职员工。[②] 此外，只有不到一半的教师参与过多元文化相关课程的培训。

少数民族学生和教师在需求比上的严重不平衡性以及少数民族教师不可替代的重要性，引起了美国政府和相关教育部门的重视，并积极采取措施进行少数民族教师队伍建设。主要包括以下几方面：1.招收更多来自少数族群的师范生。Haberman认为，少数族群师范生对贫困生活、暴力等社会不公正行为有亲身感悟，怀有对社会正义和多元文化课程的渴望，这对跨越师生文化差异、成功开展多元文化教师教育至关重要。[③] 2.综合大学和社区学院承担培养少数民族师资的主要职责。如霍华德大学、加利福尼亚州立大学是主要研究亚裔文化的机构，新墨西哥州圣塔菲印第安人社区艺术学院、得克萨斯州圣安东尼奥学院承担着培养、培训少数民族教师的责任。[④] 3.社会文化学术机构和教育组织也承担着培养中小学民族教师的职责。如少数民族教育高质量联合会、得克萨斯州得州人与文化中心等机构，都在为发展少数民族文化教育、培训教师服务。[⑤] 4.开办暑期少数族裔教师培训班（SIFT）。由美国联邦教育部资助，公立大学和国家地区教育委员会合办的暑期少数族裔教师培训班，是一项为期40天的培训

① 张学强.《中国少数民族教育与美国多元文化教育比较研究》[M]. 北京：民族出版社，2011（11）.

② 孙传远.学会用多元文化视角进行教学：美国中小学教师教育中的必修课［J］.外国中小学教育，2007（3）：42–45.

③ Haberman M. & Post L.Teachers for multicultural schools：The power of selection［J］.Theory into practice，1998，37（2）：96 – 104.

④ 张学强，富婷.面向多元文化教育的教师 —— 美国的经验及其启示[J].外国教育研究，2009，36（3）：22–27.

⑤ 牧童.美国的民族教育（一）［J］.中国民族教育，2000（4）：39–41.

课程，已经连续举办10年。该培训班旨在为未来培养合格的少数族裔教师，通过培训课程使他们尽量消除种族歧视的心理阴影、了解不同民族的文化、掌握教学方法和技巧，并进行教学实践，为将来的教学打好基础。[①] 5.鼓励在职少数族裔教师利用假期时间提高学历水平，攻读硕士或博士学位，并与提薪挂钩。[②] 由此，通过组织大学、社区学院和中小学的积极合作，举办短期培训班等措施，可为民族地区培养、培训民族师资。

培养大量合格的少数民族教师是发展民族教育的关键。美国是十分重视教育公平的国家，在多元文化教育中不断加强对少数族裔教师队伍建设的关注和投入，加快了少数族裔师资建设的步伐，同时也使少数族裔教师的专业水平得到很大的提升，在一定程度上缓解了国家少数族裔教师不足的困境。

四、提高教师培养的专业水平

对于少数族裔学生群体而言，高质量的教师可以缩小他们与优秀白人学生之间的学业成就差距。调查显示，美国农村教师在满足有教师执照、本科及以上学位、熟悉所教学科领域这三项基本要求的达标率差，美国农村尤其是小规模学区高质量教师严重短缺。21世纪初，美国联邦教育部发布的《2002—2007年战略规划》将“提高教师职前培养的质量”作为重要的实施战略之一。[③] 此外，美国教育部中小学教育办公室在学术提

---

① Singh Delar K., Stoloff David L. Growing Your Own: Minority Teachers [EB/OL]. (2007-11-15) .http: //www.eric.ed.gov.Ed-ucation Resources Information Centre.

② 张学强，富婷.面向多元文化教育的教师——美国的经验及其启示[J].外国教育研究，2009，36（3）：22-27.

③ 何菊玲，杨洁.他山之石：国际卓越教师培养之成功经验[J].陕西师范大学学报（哲学社会科学版），2018，47（1）：162-169.

高和教师质量项目中为《不让一个孩子掉队法案》制定了高质量教师的要求。该法案对公立学校教师的素质做出相关规定，要求从 2005 — 2006 学年起，所有公立学校和核心科目的任课教师必须是“高度合格的”。这对提高教师质量标准做出了严格规定，要成为一名教师，必须获得学士学位（或本科学历）、得到所在州的授权，以及具有相应的学科能力，这在一定程度上确保了新老师的教学质量。[①] 同时，美国对教师的专业发展的扶持还体现在经济扶持方面。一方面，政府对那些获得全国委员执照的教师给予奖励，用以激励教师的自我发展和专业化成长；另一方面，对薄弱学校教师的专业发展提供资金扶助，以提高教师实施学校改革计划、措施和项目的能力。

其次，教师的入职培养与教师晋级换证制度密切相关。在美国，教师资格证并不是教师入职的永久性认证，而是采取层级推进式的晋级换证制度。即教师每工作5 — 7年就要更换更高级别的教师资格证，以实现晋级与持续的专业发展相匹配[②]。这样一来，初级教师想要晋升为更高一级的专业教师，就必须要完成对应的培养措施，既有利于提高教师的质量，又通过不断地继续教育促进教师的持续发展。此外，由于少数族裔教师缺口较大，选择性教师证书计划开始出现。政府、非政府组织和州要求教师要了解多元文化，熟悉不同学生的文化背景，而这个特点在教师取得资格证书时将特别强调。教师要根据不同学生的文化背景选用合适的教学方法，充分说明自己具备教授多元文化学生的能力。[③]

---

① 李娟，秦玉友.美国农村教育师资队伍建设探析[J].教育发展研究，2009（15）：117-121.

② 孙曼丽，洪明.美国中小学新教师质量保障体系改革新动向[J].比较教育研究，2018，40（10）：76-83.

③ 严丹丹.多元文化背景下美国教师教育研究[D].上海师范大学，2018.

五、强化教师的多元化培训

对于非少数民族教师而言，可以通过各种形式的培训，加深对不同民族学生背景的了解，以弥补其与少数族裔教师之间存在的文化差异。只有培养合格的跨文化教师，才能在多元文化教学中实现师生间的有效互动。跨文化教师应具备的基本素养有：了解不同民族文化，消除文化偏见和种族歧视；在教学过程中可以结合少数民族学生的特点和学习方式，创造一种多元文化课堂氛围等。

教师要准确有效地进行多元文化教学，首先要具有多元文化意识。在教师培训后，会对教师自身的多元文化意识进行评估，测试了解教师已有的多元文化意识水平以及存在的问题。意识水平较高、问题较少的教师可以进入多元文化教育培训的下一个阶段；而意识水平较低、问题较多的教师则需要在此阶段进行意识强化训练。强化多元文化意识的培训方式有模拟情景练习、直接参与孩子的生活、针对某个问题的案例分析、撰写反思备忘录等多种方式。目前，美国培养跨文化教师的主要途径是大中小学的有效合作，一种是大学教师和中小学教师共同开展的多元文化教学活动，作为师范生教育的实习课程，另一种是大学教师对中小学教师直接进行多元文化课程的培训。①

此外，为了使各民族学生更好地学习国家文化和各民族亚文化，更迅速地融入美国社会，双语教育的实施便成为一项重要举措，也是促进多元文化教育发展的一个推动力。1974年，美国宪法关于教育条例的修正案规定："双语教育必须在各门课程的教学中既使用母语又使用英语。凡未

① 张学强，富婷.面向多元文化教育的教师——美国的经验及其启示[J].外国教育研究，2009，36（3）：22-27.

按此原则开办的双语教育，不能被确认为正规的双语教育。”[①] 双语教学的质量取决于双语教师的水平，因此，美国主张加强双语教师培训，以此提高教师专业素养。美国双语教师培训的主要方式有[②]：1.大学、州与学区合作设立“在职双语教师培训中心”开展双语教师培训，为教师提供双语教育相关的课程和学术讲座，专任教师一般为双语教学专家、教育理论专家等高级人才；2.州、市或学区举办短期“讲习班”“现场研讨会”或“校本培训模式”，开展在职双语教师培训。其中，“校本培训模式”主要针对不同教学对象进行双语教育的技能技巧训练等，在此培训过程中，各学校不仅鼓励双语教师深入实践，切身感受语言环境和文化熏陶，还不定期开展双语教育示范课和双语教育竞赛，以检验双语教师的实际教学成果和培训成效。[③] 教师在做好学校教育中规定的课程授课的同时，也应该加强双语教学并提高双语教学质量，使民族教育更加适应经济和社会发展需要。

六、政府与学区提供财政支持

20世纪60年代以来，为了更好地实现美国基础教育的均衡发展，实现教育机会的平等，特别是为了让不同文化群体、不同族裔都能享受到平等的受教育权利，以美国经济机会署（Office of Economic Opportunity）为代表的团体倡导在全国实行“补偿教育”方案。该方案是美国义务教育特别扶持计划的重要组成部分，主张对弱势群体的教育进行经济补偿，努

① 许苏.双语教学的默会维度[J].全球教育展望，2004（2）：63-66.

② 李克军,陈君.美国多元文化背景下教师教育研究[J].国家教育行政学院学报，2011（06）：84-88.

③ 张学强.中国少数民族教育与美国多元文化教育比较研究[M].北京：民族出版社，2011（11）.

力改善其办学水平，优化师资配置，提高教师教育质量。[①] 例如，财政方面，多元文化教师教育具有坚实的经济基础。美国对多元文化教师教育的实施提供了类型多样的资金支持，政府为多元文化教师教育提供拨款，且有的大学专门设立奖学金。这为多元文化教师教育的开展提供了强有力的保障。

为保证农村地区教育的发展，国家通过提供项目经费并让各州去落实，提高教育薄弱地区教师培养质量。为实现《不让一个孩子掉队法案》规定的教育目标，美国联邦政府将资金投入到有利于法案目标实现的相关研究和实践中，并以此改善偏远地区、农村地区和少数族裔聚集处等教育薄弱地区的学校教育水平和教师质量。美国为教师的入职培养提供了大量经费支持，联邦政府、州政府和地方学区共同承担教师的培养费用。自颁布《不让一个孩子掉队》法案以来，美国联邦政府每年会拨款30亿美元给各州政府和学区，用以提升教师质量。[②] 此外，各州政府也设置专项拨款用以资助教师入职培养，包括专业化培训和新教师补贴，既提高了入职教师的质量，也通过教师补助的方式增加了教师职业吸引力。美国长期以来面临严重的教师流失的危机。由于多种原因，农村小规模学区对教师吸引力较低，教师流失率高。教师流失的后果严重，一是影响教师队伍的稳定性，尤其是薄弱学校的师资队伍；二是不利于建立稳定的师生合作关系，无法确保所有学生都享有连续有效的教学，从而影响教育公平；三是经济损失严重，由于教师流失而不得不重新招募教师。[③] 因此，各州政府

① 赵国祥，王振存，赵申苒.《义务教育均衡发展视阈下的教育资源的科学配置和有效运用》[M].北京：科学出版社，2016（12）.

② Ann Jaquith.Teacher Professional Learning in the United States：Case Studies of State Policies and Strategies [EB/OL].（2010-11-23）[2017-08-09].http：//www.docin.com/p-1928605559.html.

③ 孙曼丽，洪明.美国中小学新教师质量保障体系改革新动向[J].比较教育研究，2018，40（10）：76-83.

致力于加大对农村等特殊地区教师培养的财政投入，缓解城乡教育条件的差距，致力于解决教师队伍不稳定问题。

七、实施弱势地区教师专项补助

教师待遇的好坏直接影响教师的工作热情、教师队伍的稳定性以及教师职业的吸引力。针对农村、偏僻等弱势地区优质教师数量不足、教师队伍流动大的问题，联邦政府和州政府制定了一些教师优惠政策，提高弱势地区教师待遇，缩小教师待遇的地区差距和校际差距。主要政策包括提高教师工资水平和提供教师特别补助。一是提高教师工资待遇。调查显示，美国农村地区的教师流动率远远大于美国整体的教师流动率。其主要原因在于农村教师的薪酬相对较低。[①] 20世纪80年代前，由于部分地区中小学教师工资偏低，严重影响了美国基础教育的师资来源和教师队伍建设，于是各州多方筹措经费不断提高教师工资。[②] 此外，许多州也根据教师工作所在地的社区背景和学校条件采取了差异化的发放工资政策，旨在提高不发达地区的教师工资待遇，给予一定的财政补贴。二是美国注重缩小教师间的待遇差距，为任教于城市薄弱学校、农村贫困学校和少数民族学校的教师提供特别补助和待遇上的优惠政策，以鼓励和吸引优秀教师到这些学校服务。2009年颁布的《美国复兴与再造法案》指出，国家或州要提供多方面的激励以吸引教师到农村地区工作，包括提供租房补贴、定居补助、住房贷款优惠、代偿贷款或者收入税收减免等。[③] 同时，针对农村学

① 王正清.国外促进城乡学校师资均衡配置的政策与举措[J].现代中小学教育，2015（1）：105-108.

② 孔凡琴.基础教育师资配置均衡化的国际比较研究[D].东北师范大学，2008.

③ 王正清.国外促进城乡学校师资均衡配置的政策与举措[J].现代中小学教育，2015（1）：105-108.

校存在的工资低、生活条件差等问题，许多州均启动了招聘奖金项目、贷款免还政策和住房援助等项目。

今天，多元文化教育已逐渐成为全球化概念。我国也是一个多民族国家，长期以来一直努力探索少数民族教育的发展方式。虽然我国的少数民族教育与美国的多元文化教育在许多方面存在差异，但是美国的多元文化教育在研究方法、理论基础、发展模式等方面已积累了不少经验，可以为我国少数民族地区师资保障研究提供借鉴。比如，开发多元文化师资培养课程时，多元文化课程的内容并不只是在原有课程的基础上增加所谓的多元文化内容，而是多种民族文化的融合；此外，美国注重培养少数民族教师队伍，开展多元文化教师培训等举措，均对我国少数民族师资保障事业具有重要的借鉴价值。

第三节　日本教师“定期流动制”和师资保障

二战后，日本在较短的时间迅速跻身于发达国家行列，主要原因在于其发达的教育。日本一直紧跟时代的浪潮，积极开展各种教育活动，尤其注重教师的培养与培训。主要表现为：为打破区域间、校际间师资不均衡状态，促进教育公平，建立教师“定期流动制度”；政府对偏僻地区工作的教职员提供“偏僻地区津贴”，提高其工资和待遇水平；在教师专业发展浪潮的推动下，积极开展教师在职培训和进修；建立健全立法保障，提高教师的社会地位。这些教育实践，尤其是教师“定期流动制”对提高日本教师素质、改善薄弱学校教育质量、促进基础教育均衡发展等起到了重要作用，对解决我国义务教育阶段师资发展不均衡，尤其是民族地区义务教育师资保障问题具有一定的启发和借鉴意义。

一、中小学教师“定期流动制”

日本教育比较发达，教育均衡发展也达到了相当高的水平。究其原因，其“教师流动制”功不可没，优质师资的均衡是促进区域间、校际间教育均衡发展的重要保障。二战后初期，为打破学校间教育的封闭状态，提高教师工作热情和活力，促进校际间师资的平衡发展，日本建立了中小学教师“定期流动制度”。20世纪60年代，该制度趋于完善。这一制度对缩小不同地区和学校间的师资差距，均衡学校之间的师资水平，特别是改善偏僻地区薄弱学校师资状况发挥了重要作用。

日本的教师“定期流动制”主要是在公立基础教育学校（小学、初中、高中及特殊教育学校）范围内实行。教师定期流动地域可以分为两种情况，一种是在同一市、町、村之间的流动，另一种是跨县一级行政区域间的流动。从流动的学校种类来看，教师既可以在同级同类学校之间流动，如从小学流向小学，从高中流向高中；也可以在公立基础教育各类学校之间流动，如从高中流向特殊教育学校，从初中流向小学[①]。该制度对教师流动的周期和流动对象做出了明确规定。全国公立基础学校的教师平均每6年流动一次；多数的中小学校长一般3—5年就要换一所学校，每

① 薛国凤.日本教师“定期流动制”对解决我国偏贫地区义务教育师资问题的启示[J].日本问题研究，2000（1）：50-51.

一名校长从上任到退休，一般要流动两次以上。[①] 以东京为例，其《实施纲要》对流动对象的规定包括：1.凡在一校连续任教10年以上以及新任教师连续任教6年以上者，此为硬性条件；2.为解决定员超编而有必要流动者；3.在区、市、街道、村范围内的学校及学校之间，如教师队伍在结构上（专业、年龄、资格、男女比例等）不尽合理，有必要调整流动者。[②] 教师定期流动的具体程序是，每年11月教育委员会发布教师定期流动的指定地区以及相关原则、要求，然后全体教师填写流动意向的调查表，最后由校长确定人选交由教育委员会批准。调查显示，"教师流动制"实施以来，偏僻地区与其他地区学校之间的教师流动相当频繁。这一政策对促进不同地区、不同学校之间的师资均衡起了重要作用，特别是对偏远地区学校的状况改善效果明显。在一定程度上，教师定期流动对提高教师素质、积累丰富经验、提高工作激情和创新热情，实现优质资源共享、促进学校之间的均衡发展等具有重要作用，特别是改善了偏远地区薄弱学校的教育水平，对解决日本偏远地区义务教育师资保障问题具有一定的启发和借鉴。

二、偏远地区教师的津贴补助

日本义务教育师资均衡配置和教师流动制的实施，离不开日本政府的经济支持。日本对偏远地区教职员的待遇非常优越。为了弥补发达地区与偏僻贫困地区的师资差距，推动教师定期流动，日本为弱势地区教师提供了津贴补助，以增加该地区教师职业的吸引力，鼓励教师到偏远地区学校

① 汪丞，方彤.日本教师"定期流动制"对我国区域内师资均衡发展的启示[J].中国教育学刊，2005（4）：59–62.

② 彭新实.日本的教师培训和教师定期流动[J].外国教育研究，2000（5）：49–52.

任教。日本出台的《偏远地区教育振兴法》规定，都道府县各级政府必须对偏远地区学校的教职工发放特殊津贴，月津贴额在本人月工资和月抚养津贴总额的25%以内。此外，对教师“定期流动制”下赴偏远贫困地区工作的教师，可根据情况发放长距离人事调动津贴、迁居补贴、寒冷地区津贴、单身赴任津贴等，使在恶劣地区、经济条件落后以及流动到较远地区的教师享受这些补助。[①] 政府还会对这些地区工作的教师充分提供进修的机会，并根据进修时间发放工资补贴。这些不同种类的津贴提高了偏僻地区教师的待遇，满足了偏远地区教职员的需求，确保了教师在流动过程中不因岗位变动而导致自身利益受损，为偏远地区的师资队伍建设提供了制度保障。在一定程度上，政府通过发放津贴补助的方式，确保了偏远地区的师资质量，政策效果显著。

三、完善的教师培训制度

保证师资的均衡发展，教师的自身素养也是不可忽视的要素之一。完善的师资培养体系对教师整体水平和综合素养，以及教师地位的提高都是必不可少的。在教师专业发展浪潮的推动下，教师的进修和在职培训成为了日本教育政策的重点。日本1949年颁布的《教育公务员特例法》对教师的培训进行了明确规定，提出教师为履行其职责，必须不断地进行研修和学习等；主管部门必须努力建立培训设施，制定培训计划以及鼓励培训的办法等[②] 。这在法律上明确了教师进行自主研修和接受行政安排培训的权利和义务。《教职员工资格证书法》《教育职员资格实施》等法律的颁布

① 王正青.国外促进城乡学校师资均衡配置的政策与举措[J].现代中小学教育，2015，31（01）：105-108.

② 彭新实.日本的教师培训和教师定期流动[J].外国教育研究，2000（5）：49-52.

规定从幼儿园到高中的教师一律由大学培养[①]。这也使教师培训、教师资格体系等变得有法可依。

1997年，日本各都道府县均有一所国立大学设立教育学部，除开设教师培养的相关课程外，也为在职教师提供攻读教育类硕士学位的机会。随着社会和教育的发展，日本中小学教师在职培训的专业化和标准化程度越来越高。目前，日本中小学在职教师的研修方式主要包括两种。一种是“行政进修”，由都道府县及市町村的教育委员会组织实施，不同层级的教育委员会提供不同的培训服务。新入职的教师、工作5年后的教师以及工作10年后的教师的培训由都道府县教育委员会规划、实施，而其他教师和其他形式的培训由市、町、村和学校组织进行。另一种培训方式是“自主进修”，主要是指教师在教学工作以外的时间进行的培训，日本中小学教师的自主进修包括不同的形式，有短期进修，一般在几天之内完成，还有中、长期进修，教师经主管部门批准后可以进行为期3个月、6个月、12个月等不同的进修。此外，为了开阔在职教师的国际视野，学习国外优秀教育经验，日本制定并实施了针对中小学教师短期出国访问和长期出国进修的政策。日本除了构建在职教师进修的培训制度，还建立了教师进修的激励机制。比如，进修时间可算入工作时间，教师依此领取各种费用和补贴，从而提高教师进修的积极性和主动性。[②]

总的来说，在职教师的培训与专业发展是师资队伍建设的重要组成部分。尤其是在一些鼓励教师终身从教的国家，必然需要建立与之配套的教师在职进修制度，以更新教师专业发展内容，否则会导致教师知识、技能

① 张宇峰，方红.日本义务教育师资均衡配置制度对我国的启示[J].现代中小学教育，2016，32（7）：123-126.

② 赖秀龙，周翠萍.论国外义务教育师资均衡配置的政策支持系统[J].外国中小学教育，2012（12）：7-15.

等发展的相对滞后，落后于教育改革与发展的需要，不利于教育和社会的发展。至于提高农村、民族地区等薄弱学校教师的素质与能力，更需要建立适合当地教育发展和学生特殊需求的教师培训内容，完善教师培训制度。

四、教师的社会地位高

日本是一个有尊师传统的国家，教师的社会地位很高。尊敬师长是日本儿童从入学开始就要接受的德育内容。人们认为，教师是无私且具有伟大奉献精神的职业，是无比神圣的。一个人一旦取得成功，首先感谢的就是他的启蒙老师，并前去拜访感谢。社会的尊师风尚还体现在师范生上，师范生会处处受到礼遇，生活的很多方面都享有优先权利。日本的中小学教师不仅享有很高的社会声誉，其经济待遇也名列前茅，教师的工资待遇一般高于公务人员工资的30%—40%，且日本教师工资占比在教育财政预算中也是最大的。因此，日本的中小学教师职业能够吸引优秀人才以充实师资队伍，师范生专业也能吸引高质量的生源，这对于日本教师队伍整体素质的提高和师资队伍的稳定都具有重要意义。日本也重视师资队伍建设的制度保障。政府积极完善有关教育职员的法律法规，如《教育公务员特例法》《教育职员许可法》《关于确保为维持、提高学校教育水平的义务教育诸学校教育职员人材的特别措施法》等等，由此教师职业地位得到法律强有力的保护，教师的社会地位也在逐步提高”①。同样，日本促进教师定期流动、缓解偏远贫困地区薄弱学校师资短缺问题等一系列成果离不开健全的教育法律体系的支撑。

① 赖秀龙.谁主沉浮：国外义务教育师资均衡配置政策的影响因素分析[J].外国中小学教育，2011（10）：1–6.

综上所述，日本的教育实践尤其是教师“定期流动制”，促进了发达地区与偏僻地区学校之间的教师流动，极大地改善了偏僻地区教育薄弱的状况，为日本实现基础教育公平、提高教师素质、稳定教育质量等起到了重要作用。这对我国均衡区域间、校际间师资差异，尤其是民族地区师资保障、师资队伍建设有很大的参考意义。针对我国目前情况，可促进发达地区教师流向教育基础相对薄弱的民族地区，其流动年限和流动者的待遇福利都应明确规定。其次，国家和政府应给予政策导向和立法保障，增强公费师范生服从调配的义务性和法制性，减少民族地区专项培养教师的流失。政府还要适度提高教师工资和待遇，尤其是民族地区教师的福利，并加强立法，层层落实，使提高教师待遇落实到实处，从而提高教师地位，提高教师到民族地区学校工作的积极性。

执笔者：袁梅、郭寿梅

第七章 >>>>

民族地区师资保障的对策与思考

教育大计，教师为本。当前我国民族地区教育改革已进入深水区和攻坚期，探寻民族地区师资保障的对策与路径已成为民族地区教师队伍建设的阿基米德点。要促进民族师资队伍高质量发展，就要抓住民族地区师资保障过程中的要害问题，就需要聚焦管理顽疾，探寻破解之策。前文通过实地调研，对内蒙古自治区、西藏自治区和青海省师资保障过程中取得的经验与存在的问题进行了探讨，本章节则将以这些问题产生的原因为切入点，选择国家层面、社会层面、学校层面以及教师个体四个维度进行分析讨论，深入挖掘民族地区师资保障问题背后的原因，借鉴发达国家师资建设与均衡配置的相关教育经验，并在结合我国民族地区教师队伍实际情况的基础上，探寻出以国家、社会、学校和教师四个层面作为着眼点，齐抓共建的“四位一体”解决之策。

第一节　国家层面

一、建立科学的教师聘任制度

要实现民族地区师资保障的良性发展，首先要从教师的源头着手，科学管理教师的应聘渠道和选聘方式，建立科学的教师聘任制度。

1. 重视民族地区师范生培养

高质量的“新生力量”是保障和提高我国民族地区师资队伍整体质量的根本，建立科学合理且适切于民族地区师资队伍建设的师范生培养体系是民族地区建立健全教师聘任制度的前提与基础。具体来说，重视民族地区师范生的培养需要从生源吸引、师范生培养、师范生就业三个维度予以关照。首先，就民族师范生生源质量改善方面，政府要采取措施，通过多种方式吸引优质生源报考师范专业。一方面，国家应充分发挥政策的引导与宣传作用，将“公费师范生切合民族地区贫困家庭的生存理性”“就业保障符合农民的回避风险逻辑”“职业特征契合各阶层对子女的职业期望”等就读公费师范生的优点介绍给广大学子，吸引高质量的学子就读师范专业。另一方面，政府要积极推进民族地区师范生公费教育政策，通过公费定向培养、到岗退费等多种形式，建立健全免费师范生教育，吸引更多优秀人才从事教师行业。其次，在师范生培养方面，政府要积极引导民族地区高校的师范专业和课程设置契合民族地区教师的实际需求。最后，在师范生的工作意向方面，学校不仅要设身处地的从学生的外部生境的“机遇”予以积极引导，从民族学生与家乡的互动关系中的“动力”予以引导，还需要充分关照学生个体追求的能动性，促进师范生积极到广大民族地区就业，积极投身民族教育事业。

教师招聘制度是确保民族地区能够招聘到所需教师的关键环节，党和政府需要积极改革教师招聘考试制度，扩充教师来源渠道，确保民族地区教师招聘的顺利进行。具体来说，针对民族地区教师招聘过程中存在的问题，需采取以下措施：第一，人力资源部门要将部分教师招聘权限移交同等级别的教育部门，以使教育行政部门能够根据实际需求、集中招聘具备相应条件的教师，做好统筹规划。在教育部门内部，执行并真正落实“县管招聘”政策，县级教育部门统筹协调缺编教师名额。第二,一定程度上缩短招聘期限，时间跨度上应该尽量缩短引入教师的时间，提高教师招聘的效率，弥合空额教师与新手教师进入教师队伍的时间差。县级教育部门应协调当地人事部门，尽快办理退休教师相关手续，尽快落实编制空额，为新教师提供编制岗位。第三，招聘考试的程序应该因地制宜、因学科的不同而有所差别。根据学校实际专业所需，在正常招聘考试所考知识测试的基础上，先进行专业化的测试，当地缺什么学科的教师，就重点先招录什么学科的教师。比如招聘专业的音乐教师，可以先考专业课，再进行教师招聘考试的教育学内容的考试。这样有利于招收到专业对口的师资，解决结构性缺编的问题。第四，教师招聘考试的试卷内容针对不同的民族地区也应做适当的调整，多添加关于民族地区本土化的知识内容，以考核参与教师考试人员适应本土化、掌握本土化知识的能力，同时，增加考试人员对所考地区的认知度。第五，完善教师资格证制度，教师资格证不应是教师入门一劳永逸的捷径，教师的专业化发展离不开对教师的培养。可借鉴美国教师进阶换证制度，每隔几年就要进行教师相关知识的培养，合格通过后可换取高一级的教师资格证书。

二、改革完善教师培训机制

提升教师整体素质的主要途径除了教师的自身学习，还有教师的在职培训。长期以来，许多地方教育只注重对教师的职前培养忽视职后培训，因此，教师缺乏科学、适宜的职后培训的现象普遍存在，造成教师队伍知识结构老化进而影响教育质量，这种现象在民族地区较为突出。故而各级政府应大力支持建立健全我国民族地区的教师培训机制，并以实施“国培计划”为抓手，推动大规模教师培训的开展。

开展高质量的教师培训，建设高素质专业化教师队伍，政府和各级各类教育行政部门应重点从以下四方面提升教师素质的保障工作。一是，培训制度要凸显法制化。我国教师培训发展不平衡，民族地区尤其是边远农村地区教师的培训机会较少，且很难接触到高层次、高水平的培训。因此，需要进一步完善教师培训制度，统筹城乡教师培训，通过法律法规保障民族地区教师享有接受培训的权利，保证偏远贫困地区的教师同样享受先进的教师培训就显得尤为重要。同时，还要完善教师培训机制，系统形成一套完整的策划、执行、测评、监督等流程培训机制，保障培训工作有规律地进行。二是，培训内容要关照多元化。民族地区教师培训应“因地制宜、因人而异”，根据民族地区的自身特点和具体问题，制定适合本地区教育发展的教师培训内容。一方面，使广大民族教师能够深入地了解、掌握各民族的风俗习惯和语言文化，增强民族学校教师的民族文化认同感；另一方面，合理利用和配置民族地区的课程资源，系统提升民族学校教师的课程理论素养，提升教师专业化水平。此外，要加强民族地区音体美、英语、科学、信息技术课程等紧缺学科教师培训，提高教师有效应用现代教育技术的能力和水平。三是，培训课程的实用性。以提升培训质量为主线，增强培训针对性和实效性。首先，培训内容要符合教育教学实际需要。通过教师培训需求调研，根据实施素质教育的要求，并针对不同类别、层次、岗位教师的需求，以问题为中心，案例为载体，科学设计培训课程，丰富和优化培训内容，不断提高教师培训的针对性和实效性。其次，培训内容要与时代接轨，提升民族地区教师培训时效。四是，培训途径要注意灵活性。创新教师培训模式方法，不要再仅以讲座、网课的形式来推动教师素质的提升，可以通过集中培训、远程培训、脱产研修、校本研修、送教上门、高校进修、组织名师讲学团和海外研修等多种途径进行教师培训，实现自由灵活、丰富多彩的在职培训，满足教师自身发展的不同需求。同时，须积极开展集中培训与远程培训相结合的混合学习模式。

三、建立健全教师流动机制

长期以来，我国民族地区一直存在民族师资不足，教师队伍素质整体偏低的问题，所需优质师资一直得不到正常补给。主要原因在于：其一，民族地区由于地理位置特殊、交通不便、经济水平落后等原因，导致教师队伍流动性大，优秀教师容易流失；其二，教师流动制度的阻滞，导致民族地区很难引进优秀人才。提高民族地区教师队伍的整体质量，除了须要通过提高民族地区教师的待遇以吸引优秀人才，还可以通过建立健全教师流动机制，实现区域间优秀教师的定期流动，促进教育公平。

民族地区中小学教师合理有序地流动能够促进教学效果和教师队伍整体质量的提升。民族地区教师队伍的横向流动主要是指教师在不同区域间的合理流动；教师队伍的纵向流动主要是指教师在不同级别职称岗位间的合理流动。从其更大的范围来看，教师流动又存在着从资源、条件更为优越的城市地区流动到较为偏远的农村牧区的自上而下的流动，以及与其相反方向的自下而上的流动。因此，教师队伍的流动体系是一种交叉立体的流动过程。

就目前而言，教师流动存在着单向化流动的趋向，即从边远农牧区向城市中心聚集使得边远农牧区的教师流动常出现匮乏乃至轮空的现象。然而，义务教育改革的最终目标是通过制度创新、教育政策创新，引导、鼓励教师兼顾教师职责、权利义务、劳动薪酬等方面相互平衡，实现教师的自由流动。首先，这需要严格把握教师准入机制，在源头上保证教师队伍的优良性，探索教师岗位合理退出机制，将岗位上不能继续任教的教师及时妥善安排调换岗位或者调离岗位，规范清理在编不在岗的教师。其次，需要逐步实行和落实县域轮岗制。根据就近原则，促进教师的交流和流动。例如，在民族地区相近的中小学，促进紧缺学科、校本课程教师的流动，探索小科目教师“走教制”，让音、体、美等小科目教师在一定区域内轮流任教，确保所有学校都能开齐课程。同时，加强与本地区优质资源学校的交流沟通，可以让本地区的优质教师帮助本地区民族学校教师提升教育教学水平。

综上，需要完善教师准入、准出及上下流动机制，使师资力量在纵向与横向层面上的自上而下、自下而上两个方向上能够合理流动。为实现教师自下而上和自上而下的合理有序流动，党和国家需建立健全教师流动机制，以及教师不合理流失的防范措施，国家需要从政策层面上给予大力支持，从政策出台到流动保障机制的管理，再到相关经费的配套措施均予以高度关注，以实现民族地区教师队伍在纵向与横向层面上的合理流动。

四、加大教育资金投入力度

教育经费紧张，一直是困扰我国少数民族地区教育事业发展的瓶颈，虽然近几年来，政府对民族地区的教育经费投入有了大幅增加，但同国内东南部沿海及其他较发达省市相比教育投入仍旧不足。民族地区教育经费的不足导致当地教师的福利待遇较差，加上民族地区较贫瘠的自然条件和落后的经济水平，使得民族教师队伍的处境更加困难。

放眼世界，国外一些发达国家非常重视对民族地区学校设施建设和教师培养的经费投入。例如，芬兰对贫困偏远民族地区采取教育投资倾斜的策略，完善学校的教育设施建设，提升学校的办学水平，进行高质量教师的培养，促进民族地区师资保障和教育发展；美国联邦政府将大量资金投入到改善偏远地区、农村地区和少数族裔聚集处等教育薄弱地区的学校教育水平和教师质量中去，尤其为教师的入职培养提供了大量经费支持；日本除了提高偏僻地区教师及职员工资外，还为他们提供住宅和其他生活补助。

根据我国民族地区教育经费不足的窘境，并结合国外重视民族地区教育财政投入的经验，建议党和国家加大民族地区教育经费投入力度，保障民族地区师资队伍建设，提高学校教育质量。一方面，教育经费要向建设高素质教师队伍倾斜，加强教师待遇和教师队伍建设等方面的投入。既要适当提高民族地区尤其是偏远农牧区的教师工资待遇，缩小城乡教师工资待遇差距，要设立教师住房补贴和生活费专项补助基金等福利，吸引优秀教师和人才，以此推动民族地区教师资源的合理配置、协调发展。政府应该为学校的公务和教学教研活动的开展等提供经费保障，进而提高师资队伍的整体素质。另一方面，政府应加大民族地区师资队伍建设的财政投入力度，购买必要的教学设备，改善学校教育条件和教学环境。这样既可以满足民族地区教师的物质资源和教学需求，增加教师职业的吸引力，壮大民族地区的师资队伍；也可以让教师安心工作，甘愿扎根于民族地区教育事业，从而使得民族地区的教师队伍稳定，进一步提升整体师资的质量。

第二节　社会层面

一、提升民族地区教师职业的吸引力

民族地区教师职业吸引力作为吸引人才就业、促进教师安业与乐业的力量，既是民族地区乡村教育亟待弥补的“短板”，也是民族地区乡村教育振兴的“着力点”。[①] 因此，民族地区教师职业吸引力的提升应针对当地教育的特殊需要，采取多元联动的措施提升教师职业供给力、增强教师职业保障力，确保民族地区教师“引得来”“留得住”。具体可从以下两方面开展：

一方面，提高教师供给力，确保教师“引得来”。其一，创新师资培养模式，在民族地区高校实施“本土招生、公费培养、定向就业”政策，扩大师资补充渠道。鼓励当地学生报考师范专业。具体来说在大学的师范教育中，选择定向培养的模式，有利于培养具有民族情怀和乡土情感的教师，减少民族风俗差异可能引起的不必要冲突，而且当地教师易获得归属感和安全感，有利于教师队伍的稳定。其二，实施公费师范生教育，学生毕业后回原籍学校任教，完成规定期限的服务期，服务期内可在当地学校之间流动，可在职攻读教育专业学位，且享有较高的津贴补助和职称评审

① 赵鑫.民族地区乡村教师职业吸引力提升的理念与路径[J].教育研究，2019，40（1）：131-140.

照顾，服务期满后可通过优惠政策鼓励其继续在当地学校长期工作。其三，针对专业教师总量不足、学科教师结构性缺编等问题，师范院校可向民族地区投放定向公费师范生招生指标。通过加强对师范生的民族情感教育以及教育理论与教育实践的联合培养，最终为民族地区培养一批思想过硬、素质过硬的优秀师范生，投身到民族地区的教育事业中，促进民族地区义务教育师资力量的均衡发展。

另一方面，增强教师保障力，确保教师“留得住”。要想使民族地区教师留下来，需要从完善教师外部保障和提高教师内部自觉两方面着手。首先，需要通过提高薪资水平、发放高寒边远特殊津贴、健全福利保障制度等措施强化教师职业的外部保障，其次，还要培养教师的责任感、使命感，呼吁其积极投身民族地区乡村教育事业，情感留人。当前，我国民族地区教师的生存状态仍然不容乐观。例如，一些教师在较为偏远的乡村工作，因学校距离家较远，导致基本每个月才能回家一次，从而无法顾及自己的家庭，让很多乡村教师左右为难。因此，“切实加强民族地区学校办学基础能力建设，改善乡村教师工作、学习及生活条件；进一步完善县管校聘、轮岗交流、职称评聘、教师荣誉等机制体制，促进民族地区教师合理流动，缩小区域间教师收入差距，不断增强民族地区教师的幸福感、成就感和荣誉感，建好建强民族地区教师队伍”[①] 需要整个社会给予共同关注。

二、提高教师的社会地位

较低的社会地位是影响教师的荣誉感、幸福感和归属感，进而使教师

---

① 蔡其勇，郑鸿颖，李学容.新时代乡村教师队伍建设策略[J].中国教育学刊，2018（12）：81–86.

产生职业倦怠感等一系列问题的症结所在。因此，为保障教师队伍的合理有序发展，在不断提升教师经济待遇的基础上，还应不断提升民族地区教师的社会地位，明确教师的公共属性、公职人员属性以及教师职业的特殊性，从而依法确立教师的政治地位、社会地位，在全社会形成尊师重教的氛围。让教师尤其是民族地区的教师成为人人热爱、人人羡慕的岗位。

我国民族地区师资保障建设需注重教师职业声望，并可从以下四方面提升社会认可度。其一，大力宣传民族地区教师的职业价值。城镇化进程下，大量人口向非民族东部城市流动，西部民族地区学生数量减少，学校的规模变小、服务人员减少，使民族地区教师面临许多城市学校中不会存在的困难。这不仅需要民族地区教师在道德上具有奉献精神，还得在专业水平上应对多种特殊的教育问题。所以，我们要尊重现实状况，在全社会大力宣传民族地区教师的职业价值，引导大家认识到民族地区教师肩负的重任，进而提高民族地区教师的社会地位。其二，增加薪资待遇，提高民族地区教师的社会经济地位。不断增加民族地区的教育经费投入,提高教师的实际收入，使民族地区教师工资高于发达城市地区。完善教师待遇保障机制，是落实教师公共属性，提高民族地区教师地位的重要前提条件。其三，营造尊师敬教的社会氛围，提高民族地区教师的社会声望。要引导社会关注教师行业，加大教师表彰力度，大力宣传民族地区教师中的“时代楷模”和“最美教师”，形成全社会尊师重教的良好氛围。其四，重视民族地区的教师培训，提高民族地区教师的职业地位。提高教师队伍素质是提升教师社会认同的有效措施。民族地区的教师培训不仅有利于帮助民族地区教师解决这一系列教学困境，获得教学性知识，更可以帮助民族地区教师提升教学能力，提高社会认同度。①

① 孙颖.基于学校空间视域的乡村教师发展困境探究[J].教育理论与实践，2018，38（25）：47–50.

三、提高教师的薪资待遇

提高教师待遇是师资保障体制中重要的一环。民族地区生活条件相对较差，吸引和留住教育人才就要最大限度地保证教师的生存利益。提高民族地区师资队伍的整体素质和稳定性，需要完善教师的薪资待遇，使他们享受到应有的重视和待遇，最大限度地发挥自己的聪明才智，同时获得成就感和对教育贡献的满足感。

具体来说，我国民族地区师资队伍的薪资待遇保障应重点包括以下四个方面：

第一，提高民族地区教师的薪资收入。事实上，我国法律早有规定要不断提高教师工资待遇，完善中小学教师待遇保障机制，健全中小学教师工资长效联动机制，核定绩效工资总量时统筹考虑当地公务员实际收入水平，确保中小学教师平均工资收入水平不低于当地公务员平均工资收入水平，要达到当地中等偏上水平。但是，各个民族地区考虑到自身的财政压力迟迟未推进这一政策。百年大计，教育为本，教育大计，教师为本。因此，各民族地区应保证民族地区教师能够按时足额地领取工资，并逐步提高其薪资水平。

第二，为民族地区教师提供津贴补助。党和国家应逐步完善高原高寒等环境恶劣、艰苦边远地区教师特殊津贴制度，全面落实集中连片特困地区教师生活补助政策，依据学校边远艰苦程度实行差别化补助，分类发放教师特殊津贴，同时鼓励有条件的地方提高补助标准，其中，民族边远地区教师的特殊津贴额度应至少达到全国教师薪资平均水平的一半以上，并且要努力惠及更多乡村教师。例如，在青海地区，有的学校处于海拔较高的地区，相对于在自然环境生态相对较好的地区工作的同级别教师，则有必要对处在高海拔地区的教师给予更好的待遇水平，以此作为教师生存状态的物质补偿。

第三，完善民族地区教师的福利保障。党和国家需进一步健全民族地区教师的福利保障制度，完善教师医疗保险、养老保险、失业保险、生育保险、工伤补贴、交通补贴和子女教育等福利保障制度。需要定期开展教师免费体检，对民族地区任教满一定期限的教师实施带薪休假、旅游等方面的优惠政策。其中住房是民族地区教师最为关注的问题之一，党和国家需建设教师保障性住房，加强民族地区教师周转宿舍建设，将符合规定的教师纳入住房保障范围，让民族地区教师和乡村教师住有所居，从而解决教师的后顾之忧。

第四，对民族地区教师实行特殊照顾和鼓励政策。首先，在培训、职称评聘、表彰奖励等方面向民族地区教师倾斜，为民族地区教师提供更多培训、免费在职教育或进修的机会，给予民族地区教师专门的岗位和编制。此外，由于教师薪资大多取决于职称，因此要适当向民族地区教师倾斜职称指标，提供优先评优和晋级的机会。其次，为民族地区教师配备相应设施，丰富教师的精神文化生活。最后，在民族地区教师队伍中实行“爱心”工程，关心教师工作生活，设身处地为教师考虑，尤其是帮助那些具有较大贡献的优秀教师、青年教师解决生活上的困难。

第三节　学校层面

一、给予教师自由时间和空间

据前文调查，民族地区教师的自由时间和空间比较紧致。对于民族学校的教师而言，每天大部分时间都是在学校度过的，甚至课余的私人生活也要在学校里度过。大部分教师的工作常态是：每天早操、早晚自习要打卡签到，学生晚自习结束后教师要例行到宿舍查寝，并且为了保证学生的安全，教师们还要轮流在宿舍楼进行值班。

这种现象产生的主要原因在于：首先，在民族地区的中小学实行的是教师坐班制度，教师即使没有课也不能离开办公室，一直要坚持到放学。其次，民族地区的中小学基本上都是实行寄宿制制度，教师除了承担教学任务外，还要管理学生的生活和陪伴学生。再者，例如在青海省的一些民族地区重点实施“控辍保学”工作，教师还要致力于帮助一些“辍学”的学生重返校园，在一定意义上，这是一项较为长期且繁重的工作。由此可见，民族地区教师承担的任务较为繁重，降低了教师时间和空间的自由度。

然而，给予教师合适的自由时间和空间是教师待遇保障中的重要部分，也是学校对教师关怀的一种具体表现。教师完成一天忙碌的教学任务后，会产生疲惫感，如果长期缺乏可供休息、调整的自由时间和空间，就会逐渐缺乏职业幸福感，进而还会导致教学效率降低。教师有了一定的空余时间和空间活动范围，才会有自我学习、自我发展的机会，才能更好地增长自己的见识、拓宽自己的视野、发挥自己的才能和独创性，从而不断提升自己的素质，提高师资队伍的质量。

因此，民族地区学校要合理安排每位教师的工作任务，要协调和分配好教师的工作时间，并为教师提供一定的自由活动空间。具体措施包括：一，明确教师定位和职责。教师是进行教育教学工作的专职人员，不能成为“杂活工”。要逐步明确教师工作的特殊性与教师工作的实质内容，从而减轻教师的工作任务。二，完善教职工制度。学校要协调和分配好不同学科教师和学校职工的具体任务，建立健全专职教师制度、辅导员制度、后勤管理制度等，使教育教学、管理、后勤保障工作互相独立且互相配合、各司其事。从制度层面明确界定各方的责任，构建责任共担体，从而实现中小学教师责任的应然回归，[①] 进而实现“还教于师”的正常发展轨道。三，建设教师空间活动场所。学校要尽可能保证在校教师有工作、居住、休闲娱乐的空间环境和场所。例如，舒适温馨的办公室、干净整洁的周转性宿舍和住房，从而满足教师基本的工作、生活需求，还要建立教工之家，使教师下课后有可以休息的地方。

二、精简、统整教师培训系统

教师的在职培训，一定程度上促进着教师专业化的成长与进步。我国少数民族地区教师培训存在培训名额分配不合理，培训名目繁多、重合，各级各类培训缺乏联动性，短期培训效果不佳等问题。其解决对策可从培

① 张翔.中小学教师责任泛化与应然回归——兼论“教师遇事做不了英雄就做烈士”的主张[J].基础教育，2016，13（4）：58-63.

训机会分配、培训内容和次数、培训效果考核三个角度实施：

其一，在培训机会分配方面，学校应该公平、合理地分配教师培训名额。民族地区学校的教师培训名额分配存在不合理现象，有的学校把培训机会偏向分给了资历较老、年龄较大的教师，有的学校则打着“公平”的旗号，采取平均分配培训名额的方式，按照顺序让教师依次轮流参加培训，而不考虑培训的内容、等级和教师的实际需求等因素，这样就降低了培训的价值与意义。因此，学校在选派送培教师时，应打破以往“论资排辈”的传统做法，优先考虑音、体、美等紧缺学科教师和工作积极性较高的青年教师，以改善当前学校部分学科缺员和教师整体工作积极性不高的窘境。还可以在培训开始之前，让教师根据自己平时的教学经验，总结自己在教学过程中的不足和困惑，依据教师自愿原则，让那些更有需求、更有兴趣的教师参加培训，这样才能真正发挥教师培训的意义。

其二，精简培训类型和频率，实现培训内容的有机联动。民族地区教师培训存在两个主要问题：一是，培训的次数、类型繁杂。教师参加培训的种类比较多，如果这些培训活动相对集中，那么势必会对教师造成压力和负担。因此，可以减少培训次数、适度延长单次培训时间，并丰富培训内容，削减不必要、效果不明显的网络培训，同时尽量保留中小学教师普遍需要的相关培训。二是，多级、多类型培训缺乏联动性。各级培训基本保持各自独立、各自设置培训的内容，导致培训内容上没有形成互联互动的效果，彼此间缺乏梯度性，进而导致许多培训内容的重合与交叉。因此，应当适时精简培训，将各级各类培训加以统整、归类，实施集约化、专题联合的教师培训。培训内容要根据教师的教学需求，按照科学性和实用性相结合的原则，走精准化和专业化之路。

其三，建立健全培训考核机制，切实提高教师培训效果。据实地调查，民族地区教师培训效果并不是很理想：一方面，对于培训结果无法进行操作性评价，无法验收效果；另一方面，对于参加培训的学校，只是起到上传下达的信息传播与遴选培训人员的作用，未能发挥其应有的监督、督促功能。对此，要转变教师“培训就是出去见见世面”“培训就是出去放松”的错误观念，充分认识到教师培训对于促进自身专业发展以及学校教育教学质量的重要性。首先，在教师培训返岗后，鼓励教师间互相学习和交流，从而提升学校整体的教育教学质量；其次，学校管理层要给予教师更多自主权和精神激励，支持教师发挥自身主观能动性，真正把培训中所学知识和经验应用到实际教学情况中；最后，把教师培训和职称晋升结合起来，并建立和加强相应的考核机制，以提高教师培训的实效性。

三、完善、落实教师教学评价

教师教学评价可以从不同的侧面反映教师的工作表现，对检验教师教学效果，改进与提高教师工作质量产生积极影响。针对当前民族地区教师教学评价机制太抽象、刻板的问题，可从以下两个方面改进，进一步完善、落实教师教学评价机制。

一方面，需完善教师教学评价机制。首先，要建立健全民族地区学校的教师评价体系。如各地区教委应组织专门的考核组，开展援藏教师考评工作，县教育局应联系当地支援学校对援藏教师人才进行具体教师评价的考核，及时反馈援藏支教活动中的各种问题。其次，要制定灵活、适切的教师教学评价机制。制定评价机制，需要从评价主体、内容、方法等多方面考虑，借鉴多方面的资料，使其具有可评估性、可测量性。因此，制定民族教师评价机制时，可以让教师根据自身的教学经验制定评价维度，并结合多种维度的思维，制定出更加合理、更加适合于当地教师的教学评价机制；同时根据各学科的自身特征，针对性地制定评价机制。这样才能够形成科学有效的教学评价机制，禁止一切形式主义的“一刀切”评价机制。

另一方面，落实教师教学评价机制。新课程观下的教学评价倡导实施领导、同行、学生、家长的多元评价，使被评教师从多渠道获得反馈信息，更好地反思和改进教育教学工作。根据评价的主体，有的学校同时存在督导评价、同行评价、学生评价以及教师自评的方式。但是，调查发现，该评价体系的实施多流于形式：督导评价的效果甚微，仅通过简单调查或一两节的公开课走个形式，无法具体、详实地对教师教学工作提供指导意见；对于同行评价，有些同行教师碍于面子，很难提供客观有效的评价信息；更有甚者，学生评价之前，很多教师都会先与自己的学生通气，让学生打高分；对于教师自评，有些教师缺乏自我反思、自我认识和自主学习的主动性，缺少中肯的评价。所以，整个教师教学评价体系的有效性是其亟待关照的问题。因而，首先，要鼓励落实“学生评价是主体、教师自评是根本、同行和督导评价是补充”的教师评价机制，通过多角度主体信息的互证，取得对教师教学质量评价结果比较一致的认识，从而提高评价的信效度。其次，在推行教师教学评价机制的过程中应采取循序渐进的方式，适当地结合绩效奖惩性教学评价机制。具体来说，要充分地利用绩效评估中积极的激励因素，使教师“自律”和“他律”结合起来，建立持久有效的激励机制，才能够充分调动教师工作的激情。[①] 最后，要建立教师评价反馈和监督机制，对教师评价信息予以核查，接受教师评价作假问题的举报，以提高教师评价信息的有效性。

---

① 李小庆，王果胜.关于我国高校教师教学评价的几点思考[J].求实，2012（S1）：260–262.

四、有效开展教师职称评聘

教师职称评聘，是反映教师专业化成长的重要表现形式。当前民族地区教师普遍反映职称评聘太难。究其原因可以归结为以下几点：一是，职称评聘的名额分配不足。民族地区教师，尤其是中小学中高级教师的职称名额分配相对较少。二是，职称评聘的要求条件越来越多。教师职称的评聘与教学工作中的很多内容挂钩，包括学生期中、期末考试和平时测验的成绩，学生宿舍卫生，教师出勤率、捐款项目、扶贫帮扶、师德师风培训等一系列内容。尤其是，中学教师职称评聘难度加大，有的教师甚至快退休时学校才刚完成聘任，因此很多人对此不满。三是，职称评聘的实施不公平、不合理。有的学校会根据论资排辈或者按照入职顺序来安排教师评聘，所以即使有些青年教师满足基本条件也无法进行职称评聘，这间接地挫伤了教师工作的积极性。

因此，国家需要不断推进中小学教师职称制度改革，积极完善、落实民族地区教师评聘机制，帮助解决教师职称晋升难的问题，更好地发挥职称对教师的激励作用。首先，要进一步深化教师人事制度改革，坚持职变薪变、竞争上岗、按岗聘用的制度，实行职称动态管理，建立能聘能调、能进能出的职称评聘体系。出台民族地区教师职称评定政策，降低民族地区教师职称晋升难度。其次，要针对教师编制比例不合理的问题，对民族地区中小学实行特殊的职称政策。在严格执行中小学教职工定编标准和下达编制总额过程中，评聘指标应适当向民族地区农村中小学教师倾斜，适当增加中小学中级、高级职称岗位比例，逐步解决民族中小学教师结构性超编、学科教师断层、职称名额分配不足等突出问题。再次，针对职称评聘条件要求高的问题，应科学削减不必要的考核标准，适当降低民族地区中小学教师职称评审条件，例如取消科研论文、英语考试等硬性要求，着重考察教书育人业绩和民族学校教学经历。学校还要组织相关教师培训，提高教师教学水平和技能，协助教师达到职称评聘条件，获得晋升职称的机会。然后，在职称评聘的过程中公开、透明，并要经过教职工代表大会讨论通过后，方可进行相关教师的评聘工作，从而提高中小学教师职称评定的公平性。最后，要为民族地区中小学教师"减负"。一方面，明确教师职务与工作的实质内容，制定周期性的工作规章制度，让教师有序安排工作；另一方面，学校需减少形式化的检查工作，为教师挤出更多自由时间，提供教师自我学习和成长的机会。

第四节 教师层面

一、坚守职业品质，提升师德修养

陶行知先生的一句"捧着一颗心来，不带半根草去"，表达了教师职业无私奉献的高尚精神。教师职业是无上光荣的，每一位人民教师都应该珍惜这份光荣，爱惜教师职业，严于律己，不断提升自我修养。新时代，教师不再是一味地传授知识的"教书匠"，而是要肩负起新的时代重任，成为历史使命的"引路人"。

其一，民族地区教师需坚持正确的政治方向，大力提升思想政治素质。作为民族基础教育的一线教师，民族教师必须坚定正确的政治方向，树立科学正确的思想观，深入学习并准确把握社会主义核心价值观的深刻内涵，增强价值判断、选择、塑造能力，带头践行社会主义核心价值观。具体而言，第一，民族地区教师需将中华民族共同体意识纳入民族教育教学体系中，完善培育模式、创新方式方法，找准教与学的心理契合点、情感共鸣、价值结合点，铸牢各民族学生接力实现中国梦的教育思想根基和信念之魂；第二，民族地区教师需要深刻把握我国民族问题的重要特点，深刻认识当前我国民族工作的阶段性特征与社会主义民族关系，牢固树立“一条道路”“两个共同”“三个离不开”“四个自信”“五个认同”“五个维护”的思想，树立科学正确的历史观、民族观、国家观和文化观，将维护各民族团结视作自己的使命；第三，民族地区教师要引导学生把自觉维护国家统一和加强各民族团结作为自身的使命和职责，引导学生充分尊重、了解、认同各民族文化，人人充当中华文化的传播者；第四，民族地区教师还需加强传承中华民族优秀传统文化、革命文化等，弘扬爱国主义精神、落实民族团结进步教育、铸牢中华民族共同体意识，为各民族交往交流交融搭建语言桥梁，为促进各民族团结奋斗共同繁荣做出重大意义

其二，民族地区教师需坚定职业理想和教育信念。教师职业平凡中潜存着伟大，辛苦中蕴含着欢乐。新时代，习近平总书记提出，“教师不能只做传授书本知识的教书匠，而要成为塑造学生品格、品行、品位的‘大先生’”。民族地区教师的职业理想、信念、品德会潜移默化的影响民族地区学生的思想品德和行为习惯的养成，关系到民族中小学学生的健康成长和德育工作的开展。因此，民族地区教师更需坚持崇高的职业理想和坚定的教育信念，要把教育教学工作当作神圣的职业去践行，不仅向学生传授知识，而且要以自身的人格魅力和对学生的深切关爱去感化学生，勤于积累，勇于实践，为自己树立高标准、高要求、乐观的职业理想，在实践中寻求成就，成为塑造各民族学生追求品格、品行、品位的“好老师”，

成为民族地区学生追求信念、实现梦想的“引路者”和“筑梦人”。[①]

二、更新教育教学观念，培育科学正确的民族教育观

教师发展，理念为先。新时代，教师作为教育事业发展的主力军，承担着新的使命，肩负着新的时代重任，是国家富强、民族振兴、人民幸福的重要基石。民族中小学教师作为积极稳妥开展民族教育、培养少数民族优秀人才、促进各民族文化交融创新、深入推进民族团结进步教育的主要实践者，其教育教学观念直接决定着民族地区教育事业的成败。为此，民族教师需具备科学正确的民族教育观，坚持并发展有利于国家和民族地区经济社会发展需求的教育教学观念，紧密关注各民族地区教育改革的新形势，学习民族教育新理念，重视不同民族之间跨文化交流能力的培养等。科学正确的民族教育观可谓是我国民族地区教育事业赖以立足和发展的灵魂，决定着民族地区教育改革和发展的方向。党的十八大提出要培育并践行“富强、民主、文明、和谐，自由、平等、公正、法治，爱国、敬业、诚信、友善”的社会主义核心价值观，这恰好为培育科学正确的民族教育观提供了重要指导和基本思路。可以说，“科学正确的民族教育观”正是社会主义核心价值观在民族教育领域的具体体现。因此，民族地区中小学教师需培育科学正确的民族教育观，树立大发展观、大教育观和科学正确的“文化观”。[②]

首先，民族教师要树立“大发展观”。“大发展观”是“大教育观”的

① 成丽宁.民族中小学双语教师专业素养发展研究——以青海藏区为例[D].北京：中央民族大学.2019.

② 成丽宁.民族中小学双语教师专业素养发展研究——以青海藏区为例[D].北京：中央民族大学.2019.

基本前提，两者相辅相成。“大发展观”是指以超常规的发展思路、超常规的政策、超常规的发展举措、超常规的支持力度促进发展。民族教师在民族教育教学实践过程中需培育自身“超常规”发展与开拓的精神，扎根于中华文化的土壤，着眼于各民族的共同进步，传承并发展各民族的优秀传统文化，促进各民族地区教育积极健康发展。

其次，民族教师要树立“大教育观”。“大教育观”是“大发展观”的重要体现，两者相得益彰。“大教育观”是指在大的时代背景、社会背景下认识教育现象，探讨教育问题。民族教师在民族教育教学实践过程中需树立“大教育观”，把民族教育问题放在大时代背景下来审视，不能仅仅把目光局限在民族中小学的教育问题上，更不能仅仅只在民族学、教育学、社会学等学科视角下笼统地探讨民族教育问题，要以“大格局、大视野、大胸襟、大情怀”的眼光和格局认识教育问题，学会运用跨学科视角去探讨教育问题，吸收教育成果。

最后，民族教师要树立科学正确的“文化观”。所谓文化观是对文化价值、文化评价、文化传承观点的总和，具有“文化资源”的意识。民族教师需立足于我国民族地区的民族教育教学实践，就必须拥有“文化资源”意识，在开展民族教育教学工作的同时，挖掘各少数民族优秀的文化资源，保护、传承、发展各少数民族优秀文化，将“文化观”与“社会主义核心价值观”相融合，为少数民族教育搭建平台、构建载体，在实践中培育科学正确的文化观与教学观、全面发展的人才观、开放多元的教材观、建构生成的知识观、发展性评价观等教育观念，从而更加科学地开展民族教育教学活动。①

① 苏德，刘玉杰. 新时代科学正确的民族教育观[J]. 中国社会科学.2018（2）：45-50.

三、不断学习进步，增加自身素养

教师工作是一种持续学习的专业，学习的专业需要专业的学习。因此，在新时代背景下，通过多种形式的方式进行自主学习，不断提高自身的知识水平和业务能力，从而促进自身专业化发展，不仅是民族地区教师专业素养形成的基础，也是民族地区教师专业发展的基本前提。

其一，民族地区教师需坚定“终身从教”的信念，展示自己的工作热情。在经济迅速发展的今天，许多教师只是将教师职业作为其谋生的手段，他们更多关注的是工作所带来的收益，而没有真正领会到教师职业的神圣之处，忽略了教育的社会意义。因此，他们在工作上缺乏上进心，安于自我认知现状，缺乏自我学习的意识。在职业生涯阶段的成长过程中，教师要不断坚定“终身从教”的理想信念。不断扎实积淀自身的专业知识，不断提升自己的知识经验与教学能力，满怀热情地从事教书育人的工作，成为有仁爱之心的、学生爱戴的“四有”教师。

其二，民族地区教师要树立“终身学习”的理念，及时更新自己的教育观。教师的教育观念指导着教师的教学活动，影响教育质量。然而，调研发现，很多民族地区教师仍然把学生的成绩和升学率作为衡量教育教学效果的标尺。在教学过程中，他们过多注重教材,注重基础知识的灌输与传授，采用传统的教学模式，并不善于使用现代教育教学技术，对学科教学的前沿动态关注不多。针对此类问题，除了组织教师培训外，还需要教师定期进行自我学习、及时更新自己的教育理念。树立积极向上的教育观念以促进教师更好地开展教育活动，掌握先进的教学理念以有效指导教师进行现代化教学，从而提升教师教学效果，促进学生优质发展。

执笔者：袁梅、郭寿梅、张良

参考文献

一、中文著作类

[1] 亚里士多德.尼各马科伦理学（中译本）[M].苗力田，译.北京：中国人民大学出版社，2003.

[2] 马克思，恩格斯.马克思、恩格斯全集（第三卷）[M].北京：人民出版社，2002.

[3] 约翰·罗尔斯.作为公平的正义——正义新论（中译本）[M].姚大志，等译.上海：上海三联书店，2002.

[4] 罗伯特·诺齐克.无政府、国家与乌托邦（中译本）[M].何怀宏，等译.北京：中国社会科学出版社，1991.

[5] 扈中平，陈东升.中国教育两难问题[M].长沙：湖南教育出版社，1995.

[6] 张人杰主编.国外教育社会学基本文选[M].上海：华东师范大学出版社，1989.

[7] P.布尔迪约，J.-C帕斯隆.继承人——大学生与文化[M].邢克超，译.北京：商务印书馆，2002.

[8]约翰·迪利.符号学基础（中译本）[M].张祖建，译.北京：中国人

民大学出版社，2012.

[9] 亚当·斯密.国民财富的性质和原因的研究[M].郭大力，王亚南，译.北京：商务印书馆，1972.

[10] 马歇尔.经济学原理（上）[M].北京：商务印书馆，1991.

[11] 舒尔茨.论人力资本投资[M].吴珠华，等译.北京：北京经济学院出版社，1990.

[12] 舒尔茨.人力投资[M].贾湛，等译.北京：华夏出版社，1990 .

[13] 舒尔茨.对人进行投资——人口质量经济学[M].吴珠华，等译.北京：首都经贸大学出版社，2002.

[14] 贝克尔.人力资本——特别是关于教育的理论与经验分析[M].梁小民，译.北京：北京大学出版社1987.

[15] 吴金辉.教师专业发展的理论与实践[M].北京：中国传媒大学出版社，2006.

[16] 刘捷.专业化：挑战21世纪的教师[M].北京：教育科学出版社，2002.

[17] 吴薇.中荷研究型大学教师信念比较研究[M].广州：广东高等教育出版社，2012.

[18] 林崇德.教育的智慧——写给中小学教师[M].北京：开明出版社，1999.

[19] 费孝通.从事社会学五十年[M].天津：天津人民出版社，1983.

[20] 徐绍史主编.2016国家西部开发报告[M].杭州：浙江大学出版社，2016.

[21] 何立峰主编.2017国家西部开发报告[M].杭州：浙江大学出版社，2017.

[22] 姚慧琴，任宗哲主编.中国西部经济发展报告（2010）[M].北京：

社会科学文献出版社，2010.

[23] 马景仑.段注训诂研究[M].南京：江苏教育出版社，1997.

[24] 郭志明.美国教师专业规范历史研究[M].北京：中国社会科学出版社，2004.

[25] 国家教委信报研究室.日本教育法规选编[M].北京：教育科学出版社，1987.

[26] 杨云.西部民族地区经济跨越式发展研究——基于人力资本的视角[M].北京：民族出版社，2007.

二、期刊类

[1] 胡艳.建国以来师范教育发展的问题及原因分析[J].教育学报，2005（5）.

[2] 杨茂庆，刘玲.21世纪澳大利亚农村学校师资保障：现实困境与应对策略[J].教师教育研究，2018，30（3）.

[3] 王圣云，吴丽红.国外教师权力研究热点与脉络演进——基于CiteSpace知识图谱方法的透视[J].外国教育研究，2014（12）.

[4] 佚名.西南少数民族的文教工作[J].人民教育，1951（3）.

[5] 李未.广西僮族自治区是怎样进行汉语拼音字母师资训练工作的[J].语文建设，1958（8）.

[6] 龚曼侬.积极为民族地区举办高中教师进修班[J].广西民族学院学报（社会科学版），1982（2）.

[7] 吴文风，曾健萍.建国以来我国中小学教师继续教育的历史反思[J].湘潮（下半月），2010（6）.

[8] 刘文璞.谈谈我省民族中小学教师队伍建设工作中的几个关系问题

[J].青海民族学院学报（社会科学版），1987（3）.

[9] 黄朝宾.培养合格初中教师 促进民族教育发展——贵州黔南民族师专开办五年制专科班的探索与实践[J].民族教育研究，1996（4）.

[10] 聂健全.试论民族地区培训师资的新途径[J].西北民族学院学报（哲学社会科学版），1989（4）.

[11] 任胜洪，吴卫，胡雪芳.改革开放40年民族地区教师队伍建设的政策回顾及展望[J].民族教育研究，2018（6）.

[12] 孙鹏国.少数民族地区中小学教师继续教育培训模式的研究[J].内蒙古师范大学学报（教育科学版），2002（6）.

[13] 包秀荣.对民族高校实施教师职务评聘制度的几点思考[J].内蒙古民族大学学报（社会科学版），2005（6）.

[14] 王磊，田晓红.民族地区中小学教师心理健康现状调查[J].教育研究与实验，2010（5）.

[15] 兰彩苹.南疆五地州汉语教学和民族教师双语情况调研[J].中南民族大学学报（人文社会科学版），2007（S1）.

[16] 金志远.多元文化时代的教师文化敏感性及其教育[J].民族教育研究.2014（4）.

[17] 程良宏，马新英.课堂教学中教师的文化敏感性及其培育[J].全球教育展望，2014（12）.

[18] 高方银，申建恒.少数民族地区教育信息化发展的新思考——以贵州省遵义市务川仡佬族苗族自治县为例[J].中国电化教育，2013（9）.

[19] 胡金顿.教育信息化背景下民族地区教师素养提高的探索[J].教育探索，2013（7）.

[20] 薛晓阳.卓越教师的意图改写及反思——教师教育体系、教师资格制度的价值、功能与关联[J].教育研究与实验，2018（3）.

[21] 周明星，荆婷.乡村小学卓越教师特质及其影响因素——基于湖南省43所乡村小学的调查[J].教育研究与实验，2018（4）.

[22] 胡蓉，王勇.实践取向下卓越地理教师职前培养探索——以西南大学地理类师范生为例[J].中学地理教学参考，2018（10）.

[23] 郭彩琴.论马克思恩格斯的教育公平观[J].马克思主义研究，2007（1）.

[24] 翁文艳.教育公平的多元分析[J].教育发展研究，2001（3）.

[25] 诸燕，赵晶.胡森教育平等思想述评[J].徐州师范大学学报（哲学社会科学版），2007（4）.

[26] 石中英.教育公平的主要内涵与社会意义[J].中国教育学刊，2008（3）.

[27] 郭元祥.对教育公平问题的理论思考[J].教育研究，2000（3）.

[28] 田正平，李江源.教育公平新论[J].清华大学教育研究，2002（1）.

[29] 褚宏启.关于教育公平的几个基本理论问题[J].中国教育学刊，2006（12）.

[30] 周谨平.基于机会平等的分配正义[J].伦理学研究，2011（2）.

[31] 徐华.我国教育公平的现状及其对策[J].陕西师范大学学报（哲学社会科学版），2001，30.

[32] 肖建彬.论教育公平研究中的若干理论问题[J].西北师大学报（社会科学版），2003（3）.

[33] 王北生，王振存.现代教育理论研究应增强四种意识[J].教育科学，2006（1）.

[34] 万明钢.从“差异”走向“承认”的多元文化教育[J].教育研究，2008（11）.

[35] 胡玉萍.美国多元文化教育的理论渊源及其启示[J].新疆社会科

学，2015（5）.

[36] 崔少元.后现代主义 · 多元文化 · 中国新儒学热[J].中国文化研究，2000（3）.

[37] 滕志妍.理想与困境：对美国多元文化教育的再认与反思[J].西北师大学报（社会科学版），2008（5）.

[38] 王鉴.多元文化教育：西方民族教育的实践及其启示[J].民族教育研究，2003（6）.

[39] 杨渊.西方多元文化教育理论发展之历时研究[J].国外理论动态，2010（9）.

[40] 王鉴.国外多元文化教育比较研究的新进展[J].外国教育研究，2004（3）.

[41] 徐莉，何茜.全球化背景下多元文化教育的发展走向[J].比较教育研究，2005（12）.

[42] 何飞雁.多元文化教育中国本土化历程中呈现的问题及反思[J].教育评论，2015（12）.

[43] 廖明艳.詹姆斯 · 林奇多元文化教育思想及评析[J].教育与教学研究，2016（4）.

[44] 朱姝.盖伊（Geneva Gay）的多元文化教育观点综述[J].高教学刊，2016（8）.

[45] 何喜刚，王鉴.如何理解中华民族多元一体教育[J].民族教育研究，1999（3）.

[46] 费孝通.中华民族的多元一体格局[J].北京大学学报（哲学社会科学版），1989（4）.

[47] 章光洁.多元文化社会中的教师角色及其对教师教育的启示[J].西南师范大学学报（人文社会科学版），2002（6）.

[48] 王守纪，杨兆山.后现代主义视域下多元文化教育的特征、实质及问题[J].东北师大学报（哲学社会科学版），2009（6）.

[49] 赵鼎洲，樊丽沙.多元文化教育视角下教师文化的建构[J].现代教育论丛，2018（6）.

[50] 胡孝德.关于“人力资本”研究的几个问题[J].商业研究，2006（9）.

[51] 周新芳.人力资本理论文献综述[J].现代经济信息，2008（1）.

[52] 惠宁，霍丽.试论人力资本理论的形成及其发展[J].江西社会科学，2008（3）.

[53] 陈雅，沈健，蔡建钢.论校园文化符号系统的建构与创新[J].高教探索，2007（6）.

[54] 陈桂生.“教师专业化”面面观[J].全球教育展望，2017（1）.

[55] 叶澜.新世纪教师专业素养初探[J].教育研究与实验，1998（1）.

[56] 熊华军，常亚楠.教师专业化内涵的质性研究[J].大学教育科学，2013（2）.

[57] 王晓莉.教师专业发展的内涵与历史发展[J].教育发展研究，2011（18）.

[58] 康永久.深度定位的教师专业发展[J].教育研究与实验，2012（1）.

[59] 姜添辉.全球化时代教师专业发展的元素与实践[J].国家教育行政学院学报，2018（10）.

[60] 张晓蕾.分析、阐释和社会性理解——基于不同研究范式的教师知识研究[J].全球教育展望，2009（1）.

[61] 朱旭东，周钧.教师专业发展研究述评[J].中国教育学刊，2007（1）.

[62] 任其平.论教师专业发展的生态化培养模式[J].教育研究，2010

（8）.

[63] 李华君，龚彩云.民族地区农村教师专业发展路径探索[J].中国教育学刊，2011（9）.

[64] 王嘉毅，赵明仁.民族地区教师队伍建设的现状、问题与对策研究[J].西北民族研究，2012（1）.

[65] 辛伟豪，刘春玲，王晶莹.国际教师信念研究可视化分析[J].外国中小学教育，2018（9）.

[66] 王祥.六十年来国内“教师信念”研究的可视化分析[J].黑龙江高教研究，2019（2）.

[67] 国建文，袁梅.改革开放40年民族地区中小学教师队伍建设的考察与评析[J].广西师范学院学报（哲学社会科学版），2018（6）.

[68] 苏德，袁梅.少数民族双语教育：机遇·挑战·策略[J].中国民族教育，2015（1）.

[69] 蔡其勇，郑鸿颖，李学容.新时代乡村教师队伍建设策略[J].中国教育学刊，2018（12）.

[70] 谭宏，袁晓文，李守林.四川民族地区中小学教师满意度及稳定性分析——以雅安市民族待遇县为例[J].贵州民族研究，2017（5）.

[71] 卓么措，罗江华.青海省民族地区中小学教师教育技术能力现状的调查[J].中国远程教育，2010（5）.

[72] 何菊玲，杨洁.他山之石：国际卓越教师培养之成功经验[J].陕西师范大学学报（哲学社会科学版），2018（1）.

[73] 张国平.芬兰基础教育中的教育平等归因分析[J].学周刊：A，2011（1）.

[74] 陶梦云，刘义兵.芬兰基础教育均衡发展归因分析[J].现代中小学教育，2015（12）.

[75] 胡锋吉.均衡、多元和信任：芬兰的教育文化[J].外国中小学教育，2013（4）.

[76] 石连海，田小苗.我国乡村教师队伍建设政策的发展与创新[J].教育研究，2018（9）.

[77] 皮拥军.OECD国家推进教育公平的典范：韩国和芬兰[J].比较教育研究，2007（2）.

[78] 孙百才.发达国家如何投入师资建设[J].辽宁教育，2013（2）.

[79] 孙曼丽，洪明.美国中小学新教师质量保障体系改革新动向[J].比较教育研究，2018（10）.

[80] 王正清.国外促进城乡学校师资均衡配置的政策与举措[J].现代中小学教育，2015（1）.

[81] 张学强，富婷.面向多元文化教育的教师——美国的经验及其启示[J].外国教育研究，2009（3）.

[82] 孟凡丽.文化适应性教学探析——以美国多元文化教学策略为例[J].新疆师范大学学报（哲学社会科学版），2006（3）.

[83] 孙传远.学会用多元文化视角进行教学：美国中小学教师教育中的必修课［J］.外国中小学教育，2007（3）.

[84] 牧童.美国的民族教育（一）［J］.中国民族教育，2000（4）.

[85] 李娟，秦玉友.美国农村教育师资队伍建设探析[J].教育发展研究，2009（15）.

[86] 许苏.双语教学的默会维度［J］.全球教育展望，2004（2）.

[87] 薛国凤.日本教师“定期流动制”对解决我国偏贫地区义务教育师资问题的启示[J].日本问题研究，2000（1）.

[88] 汪丞，方彤.日本教师“定期流动制”对我国区域内师资均衡发展的启示[J].中国教育学刊，2005（4）.

[89] 彭新实.日本的教师培训和教师定期流动[J].外国教育研究，2000（5）.

[90] 张宇峰，方红.日本义务教育师资均衡配置制度对我国的启示[J].现代中小学教育，2016，32（7）.

[91] 赖秀龙，周翠萍.论国外义务教育师资均衡配置的政策支持系统[J].外国中小学教育，2012（12）.

[92] 赖秀龙.谁主沉浮：国外义务教育师资均衡配置政策的影响因素分析[J].外国中小学教育，2011（10）.

[93] 赵鑫.民族地区乡村教师职业吸引力提升的理念与路径[J].教育研究，2019（1）.

[94] 蔡其勇，郑鸿颖，李学容.新时代乡村教师队伍建设策略[J].中国教育学刊，2018（12）.

[95] 孙颖.基于学校空间视域的乡村教师发展困境探究[J].教育理论与实践，2018（25）.

[96] 尉小荣，吴砥，李昊龙，邓柳，卢春，曹青林.我国中西部地区特殊教育信息化发展水平及其影响因素研究[J].中国电化教育，2018（11）.

[97] 李兆义，杨晓宏."互联网+"时代教师专业素养结构与培养路径[J/OL].电化教育研究，2019（7）：1-11[2019-07-17].https：//doi.org/10.13811/j.cnki.eer.2019.07.014.

[98] 史大胜，曹鑫莉，董美娟."互联网+"背景下民族地区学前教育信息化建设的机遇、挑战及应对策略[J].中国电化教育，2018（5）.

[99] 张翔.中小学教师责任泛化与应然回归——兼论"教师遇事做不了英雄就做烈士"的主张[J].基础教育，2016（4）.

[100] 李小庆，王果胜.关于我国高校教师教学评价的几点思考[J].求实，2012（S1）.

[101] 魏秀华.浅谈新课程下教师角色的转变[J].黑河教育，2019（7）.

三、硕博论文与会议论文类

[1] 草珺.社会主义教育公平观及其实践对策研究——以我国西北地区基础教育为例[D].兰州：兰州大学，2017.

[2] 张晖.教育公平理论以及在我国的实践[D].济南：山东大学，2006.

[3] 师东海.教育公平的政治学思考[D].长春：吉林大学，2011.

[4] 谢晓文.民族地区基础教育师资配置民族化问题研究[D].重庆：西南大学，2012.

[5] 王海杰.人力资本理论研究——企业权利来源与配置的视角[D].厦门：厦门大学，2006.

[6] 皮埃尔·布尔迪约.文化再制与社会再制[M]//厉以贤主编.西方教育社会学文选.台北：五南图书出版公司，1992.

[7] 赖小琴.芬兰少数民族基础教育的措施及挑战[G]//张诗亚主编.和谐共生：2007年全国博士生（教育类）学术论坛文集.桂林：广西师范大学出版社，2008.

四、外文文献

[1] JAMES LYNCH. Prejudice Reduction and the Schools[M].New York：Nichols Publishing Company，1987.

[2] MILL JOHN. Principles of Political Economy[M].New York：1969.

[3] ALFRED MARSHALL. Principles of Economics[M].London：1920.

[4] Alba N.Ambert.Bilingual Education and English as A Second Language：A Research Handbook 1998 — 1990[M].New York：Garland Pub.，1991.

[5] DAY C.Developing Teachers：The Challenges of Lifelong

Learning[M].London：Falmer Press，1999.

[6] SHULMAN L.S.Knowledge and Teaching：Foundations of the New Reform[J].Harvard Educational Review，1987（1）.

[7] GAY G.& HOWARD.Multicultural Teacher Education for The 21st Century[J].The Teacher Educator，2000（1）.

[8] HOLLY M.PENCE.The Impact of an International Field Experiences[J].Teaching and Teacher Education，2008（24）.

[9] HABERMAN M & POST L.Teachers for multicultural schools：The power of selection [J].Theory into practice，1998（2）.

[10] ANN JAQUITH.Teacher Professional Learning in the United States：Case Studies of State P-olicies and Strategies[EB/OL].（2010-11-23）[2017-08-09].http：//www.docin.com/p-192860555 9.html.

[11] Educational Packages [EB/OL].（2016-06-13）.http//www.Migrationinstitute.fi/en/information -service / teachingpackage.

[12] SINGH DELAR K. STOLOFF DAVID L.Growing Your Own：Minority Teachers [EB/OL].（2007-11-15）.http：//www.eric.ed.gov.Education Resources Information Centre.

[13] BALL D.L & BASS H.With an Eye on the Mathematical Horizon：Knowing Mathematics for Teaching to Learners' Mathematical Futures[R].Paper Presented on a Keynote Address at the 43 rd Jahrestagung für Didaktik der Mathe-matik Held in Oldenburg，Germany，March，2009.

[14] GRIFFIN G.Introduction：the work of staffde develop men[G]//GRIFFIN G.Staff Development：Eighty- second Yearbook of the National Society for the Study of Education.Chicago：The University of Chicago Press，1983.

附　录

附录一：调查问卷

《义务教育均衡发展背景下民族地区师资保障研究》教师调查问卷

编号__________　__________省（区）__________县（市）__________乡（镇、城市社区）__________学校

尊敬的老师：

您好！

为了客观真实地反映我国少数民族地区师资保障的基本情况，从而为我国今后制定少数民族地区教师发展提供可靠的依据，我们受国家有关部门委托，组织了本次学术调查，需要在全国各少数民族地区抽样采集一些基本数据，所有信息仅供学术研究和对推进少数民族地区义务教育均衡发展提供参考，对您的信息一概保密。您只需根据实际情况在有关表格填写相应信息。衷心感谢您的支持与协助！

请在您认为合适的答案后面划√。

《义务教育均衡发展背景下民族地区师资保障研究》课题组

一、教师基本信息

1.您的性别男（ ）　　女（ ）

2.您的年龄（ ）

A.20岁以下　B.21—30岁　C.31—40岁　D.41—50岁　E.50岁以上

3.您的受教育程度（ ）

A.初中或以下　B.高中或中专　C.大专　D.本科　E.本科以上

4.您所教的课程与所学专业相符吗（ ）

A.相符　B.不相符

5.您的教龄：（ ）

A.2年以下　B.3—5年　C.6—10年　D.10年以上

6.您所在学校类型（ ）

A.幼儿园　B.小学　C.初中　D.高中

7.您的学校所在地（ ）

A.市　B.县　C.乡　D.村

二、数据搜集

1.您认为自己在改变学生坏毛病、坏习惯方面能力如何？

A.很强　B.较强　C.一般　D.较差

2.您认为自己在提高学生学习能力方面能力如何？

A.很强　B.较强　C.一般　D.较差

3.您认为自己在增强学生学习兴趣方面能力如何？

A.很强　B.较强　C.一般　D.较差

4.您认为自己在结合学生实际情况讲清楚课程知识方面能力如何？

A.很强　B.较强　C.一般　D.较差

5.您认为自己在引导学生运用所学知识方面能力如何？

A.很强　B.较强　C.一般　D.较差

6.您认为自己在维护学生良好的课堂纪律方面能力如何?

A.很强　B.较强　C.一般　D.较差

7.您认为自己在提高学生考试成绩方面能力如何?

A.很强　B.较强　C.一般　D.较差

8.您认为自己在转化后进生方面能力如何?

A.很强　B.较强　C.一般　D.较差

9.您认为开展城乡教师定期流动能够促进城乡教育均衡发展吗?

A.能　B.不能　C.不好说

10.您愿意去偏远薄弱学校任教吗?

A.愿意　B.不愿意

11.您认为通过城乡教师流动能够提高农村学校教育质量吗?

A.可以　B.不可以　C.不好说

12.您认为有必要定期开展城乡之间学校教师流动吗?

A.有必要　B.没必要　C.不好说

13.您觉得现在的城乡学校之间的教师地位平等吗?

A.平等　B.不平等

14.您认为定期开展城乡教师流动能否促进城乡教师的社会地位平等?

A.可以　B.不可以　C.不好说

15.您赞同骨干教师优先分配到农村薄弱学校吗?

A.赞同　B.不赞同

16.您是否赞同新任教师先到城镇名优学校任职一两年，再到农村薄弱学校任教?

A.赞同　B.不赞同

17.您认为进行教师流动能否促进自身的专业成长?

A.可以 B.不可以 C.不好说

18.您愿意进行教师流动的原因是?

A.生活工作方便 B.收入待遇提高 C.换个新环境 D.更好的专业发展 E.更好地实现自我价值 F.其他

19.如果办学条件、经济待遇、生活环境基本一样的情况下，您愿意在农村学校还是城镇学校?

A.农村学校 B.城镇学校

20您觉得当前教师的工作状态如何?

A.很好 B.较好 C.一般 D.很差

21.您觉得当前教师的教师地位如何?

A.很好 B.较好 C.一般 D.很差

22您觉得当前的教师专业发展机会怎样?

A.很好 B.较好 C.一般 D.很差

23.您觉得身边的教师精神面貌如何?

A.很好 B.较好 C.一般 D.很差

24.您愿意在一个学校连续工作多长时间?

____

25.您觉得教师多长时间流动一次比较合适?

____

26.您觉得在相对偏远学校连续工作多长时间合适?

____

27.您愿意在多大范围内参加教师流动?

____

28.您所希望的教师流动方式是?

____

29.您觉得当前城乡教师之间的福利待遇差别大吗?

A.很大　　B.一般　　C.不大

30.您认为当前城乡教师之间发展机会相同吗?

A.相同　　B.不同

31.您愿意离开教师岗位，另谋职业吗?

A.愿意　　B.不愿意

31.您认为把教师流动和教师职称评定、评优评先挂钩合理吗?

A.合理　　B.不合理　　C.不好说

《义务教育均衡发展背景下民族地区师资保障研究》学生调查问卷

亲爱的同学:

你好！我们是师资保障课题组，想了解你对教师的看法和建议。问卷内容和调查结果不涉及隐私，请你放心填写，按照真实情况回答，谢谢!

注：请你根据实际情况，在你认可的答案框中划√，每个问题只选择一个答案。

序号	题目	不同意	不太同意	一般	有一些	同意	备注
1	我更喜欢本民族的教师讲课						
2	教师是一个受人尊敬的职业						
3	我以后也想成为一名人民教师						

续表

序号	题目	不同意	不太同意	一般	有一些	同意	备注
4	我的老师讲课水平很高						
5	我与我的老师的关系很融洽						
6	我的老师都很有趣						
7	我的老师有很多爱好						
8	老师平时很注意个人形象和卫生						
9	在课堂中，我的老师每天的精神状态都很好						
10	我的老师从不会在课堂上抱怨学校对他们不公平						
11	我的老师很少在课堂说自己生活中感到不满的事情						
12	老师在公共场合从没有抽烟酗酒（男）、化妆（女）						
13	老师是我学习的好榜样						
14	经常换任课教师对我的学习没有影响						
15	我认为教师的生活水平条件很好						

续表

序号	题目	不同意	不太同意	一般	有一些	同意	备注
16	我认为学校对教师的管理很合理						
17	我认为学校给教师的待遇（工资、福利等）很不错						
18	我从不关心我的老师是在哪个学校毕业，来自哪里，通过什么选拔程序成为我的老师的						
19	对于给我上课的教师的性别没有要求						
20	我认为本民族最重要的品质是勇敢						
21	学习汉语教材对我来说还有难度						
22	我喜欢参加学校举办的民族活动						
23	我喜欢学习学校自己研发出来的学校课程						
24	我喜欢在课堂中听和本堂课内容有关的故事						
25	我喜欢参与与本民族有关的节日						
26	我了解至少五个少数民族有关的节日						

附录二：访谈提纲

教师访谈

您为什么选择教师职业？

您如何理解民族教育的目标或任务？

您是如何理解教师专业发展？如何提升自我专业素养？

您在教师福利待遇方面对上级政府有什么要求？

您认为教师应该具备怎样的状态？

您在工作中碰到哪些困难？如何解决？

您对区域内教师定期流动持支持还是反对态度？为什么？

您（城镇教师）愿意去偏远薄弱学校任教吗？为什么？

如果让您到偏远地区学校任教，您需要什么样的条件？

您（农村教师）愿意去城镇学校任教吗？为什么？

如果让您参加教师流动，您愿意到什么样的学校？为什么？

您认为开展教师流动能够带来哪些好处？

您为什么要离开教师岗位？

行政领导访谈

您如何理解民族地区师资保障？

请您介绍一下当地师资状况。

您认为如何确保合格的教师来源？

您认为当前教师队伍建设中存在哪些突出问题？这些突出问题的原因？如何解决？

您对提高师资保障水平有何建议？

当地在提高师资保障能力方面采取了哪些独特的措施？取得了什么样

的效果？

当地在师资保障方面有哪些不太成功的教训？

您认为开展教师流动能够带来哪些好处？

家长访谈

请您介绍一下你所接触的这些学校老师的情况。

您对当地学校老师的状况满意吗？哪些地方满意？哪些地方不满意？

您觉得当地老师在工作中存在哪些突出的问题？为什么？如何解决？

您对当地教师工作状况的改善有何建议？

学生访谈

做一下自我介绍？

你心目中的好老师是什么样子的？

你喜欢你目前的任课老师么？喜欢的原因是什么？

你觉得你以及国家、社会、学校怎样做才能帮助教师更好地做好自己的本职工作？

你觉得教师自己应该再做哪些改进会让你更喜欢他？

你喜欢经常换任课老师么？

你教师有了困难你愿意帮助他么？

你愿意把自己的老师当成朋友一样对待么？

你认为你个人最重要的品格是什么？

你认为什么是勇敢？

附录三：师资保障研究（基本信息材料收集）

类型	指标	备注
学校类型	1=初级中学 2= 完全中学 3=九年一贯制	
学校区域位置	1=市 2=旗 3=乡 4=村	
学校在岗教师总人数		
男女教师构成比例	男教师数 女教师数	
编制分配（引入机制）	编制总数 在编在岗人数 在编不在岗人数 代课教师人数 a.事业编制考试 b.人才引进 c.特岗教师 d.定向培养 e.三支一扶 f.民办教师（转） g.借调 h.义务支教 i.合同工：临时和长期 j.顶岗实习 k.实习教师（学生）	
教师民族成分结构	少数民族教师人数 汉语教师人数 双语教师人数	
教师年龄结构	21 — 30岁人数 31 — 40岁人数 41 — 50岁人数 50岁以上人数	
教师最高学历结构	硕士学历以上人数 本科学历人数 大专学历人数 中师及以下学历人数	

续表

类型	指标	备注
教师地缘结构	本市人员人数 外来人员人数	
本校教师工作年限	新手教师（第一年）人数 2—10年人数 10年以上人数	
优秀教师队伍	区县级以上学科带头人人数 区县级以上骨干教师人数	
教师职称结构	中学高级职称人数 中学一级职称人数 中学二级职称人数 中学三级职称人数	
教师学科结构	语文 数学 英语 政治 历史 地理 物理 化学 生物 音乐 生活教师 信息技术 体育 美术等	
硬件设施（教师在校基本生活保障）	1.教师公寓、宿舍 2.教师食堂 3.教师工装 4.上下班出行方式 5.校医院就医情况 6.教师上班作息时间 7.教师人均办公空间 8.办公室有无热水供应 9.教师请假制度 10.教师人事制度（文件）	
软件设施	1.师–生关系 2.师–师关系 3.师–领导关系 4.师–家长关系	
区域生活水平		
近五年内教师流动情况		
教师待遇构成		